小さないのちの育て方

受胎から幼児期まで

●赤ちゃんの迎え方●胎教●授乳●愛情が子どもを育てる
●人見知り●乳児期のしつけ●反抗期
●保育園と幼稚園●形のしつけ　心のしつけ

大分大学名誉教授
安東利夫

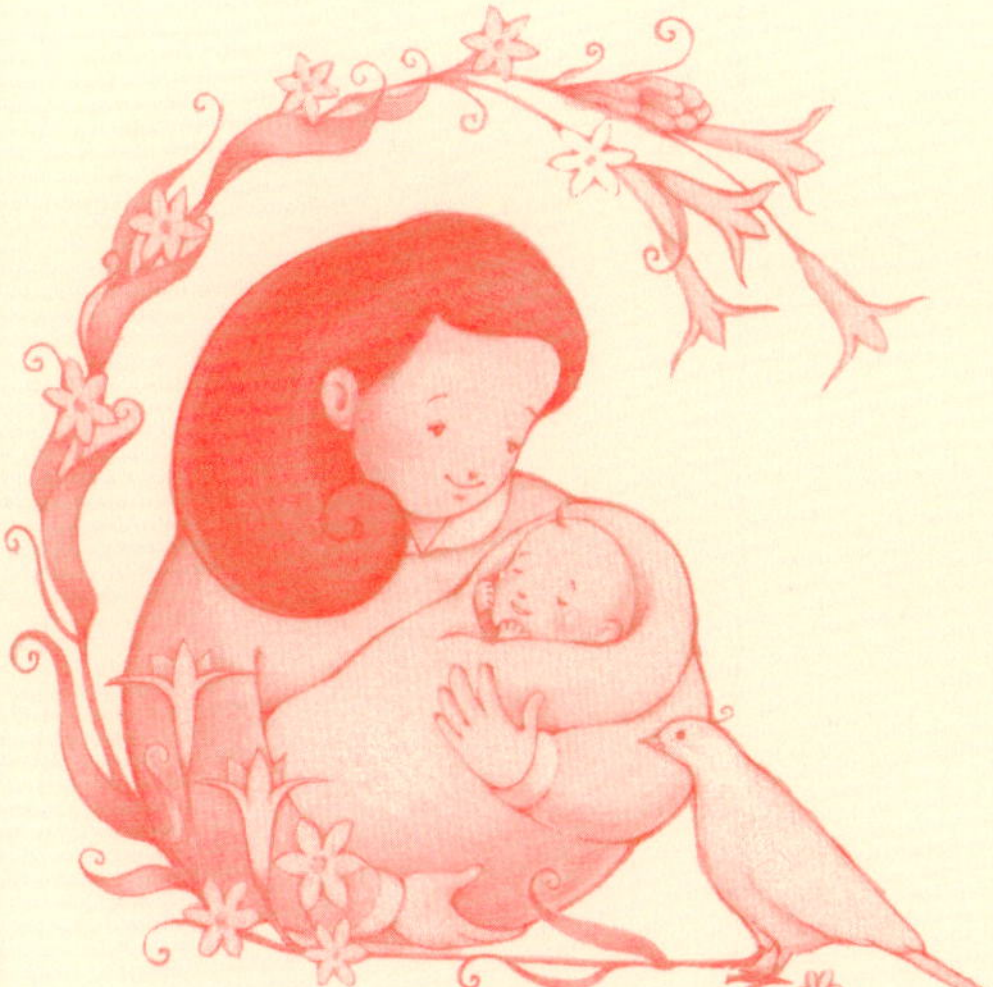

日本教文社

小さないのちの育て方

受胎から幼児期まで

＊＊＊目次

装画・カット　岸本方子

小さないのちの育て方

受胎から幼児期まで

第一章　人はなぜ尊いか

変貌する子どもたち

ティーン・エイジャーの暴走

　私たちの愛する国、日本の子どもたちの姿が、近年何かおかしくなっていると感じているのは一人筆者のみではないと思います。

「近頃の若者は……」という言葉は、昔から必ずと言っていい程に年長者が若い世代に対して使ってきた言葉だったようですが、現在ではこの言葉を、これまでと同じような感じでは使えなくなっているように思われます。

　この数年間に発生した青少年犯罪はあまりの多さに唖然《あぜん》とするばかりです。中でも一九九七年の「神戸連続児童殺傷事件」は、中学三年生が被害者の首を校門に置くという、残酷で特異な痛ましい事件でした。そして、まだそのショックのおさまらない翌年一月に、今度は栃木県黒磯市の中学校で、特に目立つことのない普通の一年生男子生徒が、授業中、女性教師に、トイレに行って帰りが遅くなったことを注意され、カッとなってその教師を刺し殺したという衝撃的な事件が起きました。

さらに、二〇〇〇年に入っては、三月に発覚した事件で、名古屋市の中学三年生数人が同級生を脅迫して、一九九九年の六月頃から長期に亘《わた》って、合計約五千万円という超高額を脅し取り、その金で日々豪遊していたことが発覚し、世の人々を驚愕《きょうがく》させました。

ところが、今度は同年のゴールデンウイークを迎えた五月一日に、愛知県豊川市で十七歳の高校生男子が六十五歳の主婦をめった突きに殺害し、その取り調べで「自分は物事を理解したり知識を得るときに、人の話を聞いたり本を読んだりしただけではだめで、経験してみなければ知識にはならないと思っていた。殺害という行為が自分にとって必要だった」と語ったといいます。

十七歳にもなって人を殺すことの善悪が分からないのかという憤《いきどお》りのさめない翌々日の五月三日、今度は西鉄高速バスの乗っ取り事件が発生しました。これも十七歳の犯行です。十三人を人質にして、佐賀市から東広島市まで十五時間、車中では高齢の女性一人を刺殺、他の女性にも刺し傷を負わせました。動機は「世間に対する不満、世間をあっと言わせたかった」ということですが、真の動機はつまびらかではありません。

両者に共通することは、成績優秀な子どもであること、時には優しさを示しながら一方で残虐性を示すという二重性を持つ点です。

このような残酷な殺人行為は、一般の人々にとっては思いも及ばぬ、いわば小説かテレビドラマなどフィクションの世界の出来事でしかありません。

それが、現実に、「まだ子ども」と思われている、精神的にも人格的にも発達の途上にある中学生や高校生によって起こされたことに、私たちは大きな衝撃を受けました。

さらには、とうとう小学校の二年生が同級生を刺し殺すという痛ましい事件さえ起き、このような好ましくない傾向の低年齢化までいわれるようになっています。なぜこのような事件を起こす子どもが多くなったのでしょうか。

「毎日新聞」（平成一二年三月二四日付）の社会面に、前年四月山口県光市で起きた当時十八歳の少年による「母子殺害事件」の判決公判の記事が掲載されています。その犯行内容は〝二十三歳の主婦に暴行しようとして抵抗されたため首を絞めて殺害した後遺体を陵辱し、その上、傍らで泣き続ける十一ヵ月の女児を床にたたきつけて首をひもで絞殺した〟というものです。その判決の骨子は、

「一、無期懲役に処する。二、身勝手な動機に酌量《しゃくりょう》の余地は全くなく、犯行は極めて冷酷か

つ残忍であり、非人間的。犯行後の情状も極めて悪い。被害者の無念さは筆舌に尽くし難く、遺族の悲嘆《ひたん》、怒り、絶望感は察するに余りある（以下略）」

というもので、成人ならば当然死刑（求刑は死刑）のはずのものが、少年法によって無期懲役となっています。なお、同紙の別紙面に「小遣い銭ほしさに老婆を殺害して強盗殺人罪となった十六歳の少年が少年院送りになった」という内容の記事も掲載されています。

かつては大人の世界にしかなかった冷酷無惨な犯罪が、いま子どもの世界で日常的に起きていることは決して放置できるものではありません。このような非人間的な子どもの犯罪がなぜ続発するのか、現在の〝子育て〟に何か大きな過ちがあるのではないかなどについて徹底的な検討がなされねばならない時期にあることを痛感するものです。

また、このような重大な犯罪行為とは別に、子どもの日常生活の中には、他に大変憂慮《ゆうりょ》される問題行動が絶えることなく多発しています。たとえば、学校生活における校内暴力、いじめ、不登校など、校外生活では「万引き」の日常化、中・高生の「援助交際」という売春行為、「おやじ狩り」などの弱者に対する暴力など、さまざまな非行や反社会的行動の増加傾向は、日々のテレビや新聞に掲載されない日とてない位に、増加するのみで一向におさまる気配がありません。

学級崩壊

さらに、最近特に注目され、問題となっているのは「学級崩壊」といわれる現象です。「学級崩壊」というのは、小学校において、授業中に立ち歩く、私語する、勝手気ままな自己中心的な行動をとるなどの児童によって、教師の統制がきかなくなり、学級全体の授業が成立しなくなる現象をいいます。そして、この現象が顕著に表れるのは小学校低学年だと言われます。

この「学級崩壊」をテレビや新聞が一斉に取り上げ始めたのは、一九九八年からです。この年の六月一九日にNHKがスペシャル番組で「広がる学級崩壊」を放送したことが全国的に大きな衝撃を与えました。

このような現象は、この年に急に起こったわけではありません。これまでは、問題事態が起こっていても、学校現場はとかく校内問題として処理できるものと考え、それを外に出すまい、知らせまいとする傾向がありました。特に、学級（一人）担任制の小学校では、クラスが「学級崩壊」状態になった場合、担任教師は自分の力量が疑われる出来事と思いこみ、同僚にさえも相談が出来ないまま、独りで思い悩み続けながら時日を経過することがほとんどでした。このような中で、教師がノイローゼになって休職したり、自信喪失に陥《おちい》って退職したり、中には、自殺に追い込まれたりするケースさえありました。

これがＮＨＫの放送を機にロックがはずれオープンになったことで、小学校の「学級崩壊」問題が全国どこにでも存在することが明らかになりました。このことは、ある意味で関係ある学校や教師の救いになった面があり、これによってこの問題への対処について真剣な論議が始まったことの意味は大きいといえましょう。

また一方、現職の中学校教師で『学校崩壊』（草思社）の著者河上亮一氏は、日本の教育そのものの危機的状況という見方から「学級崩壊」と呼ばず「学校崩壊」といっています。

その考え方を「毎日新聞」（平成一二年三月二七日付）「争点論点…教育改革」での河上氏と同紙論説委員瀬戸純一氏との対談の中から、学校崩壊の実状についてその概略を見ることにします。

《この十年ぐらいの間に、子どもは変わった。社会が変わり、子育てや教育の考え方も変わった。学校自体も大きく変わっている。私は「学校崩壊」ととらえたがこれまでの日本の学校が崩れてきている。

子どもは非常にひ弱で、わがままで頑固になり、社会的自立の難しい子が出てきている。不登校や激しいいじめ、学級崩壊など個々の事象も問題だが、決定的なのは、大人になる力をつけないで卒業していくこと。身の回りのことができず、つらいことがあるとまいってしまう。そして傷つきやすい。社会的自立の困難な子どもたちが大量に世に出ていることが、一番の問題だ。日本の子どもを育てるシステムが崩《くず》れている。（以下略）》と問題を提起しています。この中では学校という立場からの見方が主として述べられていますが、見方を変えれば、ここに問題とされている子どもの行動や性向は、そのまま家庭における子育ての結果にも関わるもので、これまでにわが国の親たちが行ってきた家庭教育（子育て）のあり方に対する重大な警鐘が打ちならされていると受け取ることができます。

さて、これまでにみてきた事件を起こす子どもや学校崩壊における子どもの姿をみるとき、そこには共通する人格や性格の形成に関わる子育ての問題点が見えて来るように思えます。

人格や性格の形成に最も重要な時期といえば、無限の可能性を秘める幼児期の子育てであることは申すまでもありません。そこで、ここでは小学校低学年の学級崩壊を引き起こす子ども達の性向的な特徴について、尾木直樹著『「学級崩壊」をどうみるか』（ＮＨＫブックス）を参考にみることにします。

①自己中心的で衝動的な行動

一見無邪気な悪気のない行動に見えるが、そんな子どもの行動が引き金となって、他の子どもに真似され、あっという間に教室全体に広がり統制がとれなくなってしまう。

②セルフコントロール不全

自己統制力が未発達のため些細なことでパニック症状を起こし、突然叫び声をあげたり、幼児のようにダダをこねる。これが全体に伝播し収拾がつかなくなる。

③コミュニケーション不全（小暴力）

他の子どもとのコミュニケーションがうまくとれず、小暴力が多発する。感情の切り替えが下手で、いつまでも感情的しこりが残りスパッと気分を変えにくい。言葉も粗暴で「バカ」「死ね」などと叫び合う。

④基本的生活習慣の欠如。

落とし物には名前がなく、探そうともしない。教室には「落とし物」の山ができる。親が朝の食事を作らないため毎朝何も食べずに来る子、朝食にコーンフレークにバナナ一本という子も珍しくない。親と一緒に夜遅くまでテレビやビデオを見ていて、朝からあくびをする子もいる。こんな子たちは、精神的にいらいらし、思わずキレたり、暴力をふるったりしがち。

⑤「良い子」ストレスに疲れはてている。

少子化の中では、親たちのわが子への期待は一人に集中し、子どもにはプレッシャーとなってのしかかる。しかも母親が専業主婦の場合、昼間、家の中では一人黙って誰とも会話を交わさないで、わが子とだけ向き合っている時間がデータによれば、平均三時間もあるという。子どもはいつも監視され、いつの間にか親好みの言動をとるよう条件づけられていく。そこで、低学年の子どもでは、親の意に反することをして、親から嫌われること、見放されることを大変恐れる。それで親に対していつも「良い子」であろうと無意識的に心をつかっており、これがストレスとなって疲れ果てることになる。

現在はこんな子どもが教室にいっぱいいる。

⑥崩壊というより集団の未形成

「崩壊」とは、形あるものがこわれることを意味している。しかし、低学年の問題は、いつまでたっても集団としての形がつくれない

状態、すなわち集団未形成状態である。

以上のように、「学級崩壊」につながる子どもの性向の特性を指摘しながら、〝少なくとも一年生の「学級崩壊」は非行の低年齢化や切れる子現象ではなくて、どうも小学校の前段階の問題のようだ。誰が悪いとかどこの責任だとかを問うているのではなく、事実の問題として、幼児の発達保障が大きな困難に直面していることだけは確かだ。〟といい、責任の所在を明らかにしないまま問題を提起しているところに逆に大きな意味を感じざるを得ません。

このように、これまでに見てきた重大事件を起こす子どもたちの行動や性向、「学校崩壊」に関わる子どもたちの性向的特徴、そして、小学校低学年の「学級崩壊」に見る子どもの特性などを総合的に見ると、すべてに共通していえることは、人格形成の基礎づくりの場である家庭における現在の子育てのあり方に根本的な原因があると思われること、従って速やかにその見直しを行いその問題点を明らかにすること、そして早急にその建て直しにかからねばならないということです。特に、「学級崩壊」の問題の根元が、幼児期以前の子育てにあることを示唆している点は殊に重大視する必要があるといえましょう。

木はその実で分かる

表題の言葉は、聖書（マタイ伝・ルカ伝）の中にみられることばで、木の善し悪しはその結ぶ実を見れば分かるという意味のことばですが、これは子育ての問題を考えるときの大切なキーワードではないかと思います。

いうまでもなく、子どもは生《な》っている実、木はその実を育てる親であり社会的な環境です。では、現在生《な》っている実である子どもの姿はどうでしょうか。前に見てきましたように、頻々《ひんぴん》と子どもたちが起こす、目を覆いたくなるような凶悪な犯罪の増大、学校の内外で日常的に多発する非行や問題行動、家庭における閉じこもり現象、家庭内暴力など、過去に例を見ないほどに様々な問題が日本全土に満ちあふれんばかりの状態です。

現在、国内の各界で教育改革が強く叫ばれ始めました。誠に結構なことだと思います。むしろ遅きに失したといいたいくらいですが、とにかく早急に改革に着手せねばなりません。なぜなら、今の子どもたちが二十一世紀にわが国を支え、発展させていく大切な人材であり、さらに次の世代を生み育てていく〝次の木〟となる人々であるからです。

今、悪しき実が生っているとしたら、まず、それを育てた木の点検からかからねばなりません。これまでに議論されてきたものを言葉の面から見ると、「学歴偏重社会の是正」「偏差値中心主義からの脱却」「知育中心の教育から心の教育へ」「家庭の教育力の低下とその活性化」「地域社会の教育力の低下とその活性化」など、いろいろと検討されようとしていますが、なんと言っても子どもを育てる上で一番大事な鍵を握っているのは親であると言わなければなりません。

平成一二年五月四日放送のＮＨＫ総合番組「チンパンジー　母と子のきずな　アフリカの森10年の記録」の中で、子育てに全力を傾注する母親の姿が描かれ、子どもが大人になっていく過程では、親の一挙手一投足をじっと見つめ、模倣することによって成長していく姿を見ることが出来ました。そこには「子は親を映す鏡」「子供は親の後ろ姿を見て育つ」という諺《ことわざ》にも見られる子育ての原型を見る思いでした。

ところが、現在の子育ての現状を見るとき、余りにも知的発達を遂げすぎた人間は、今、子育ての原型を見失って苦悩しているように思われます。

知恵の木の実を食べたアダムとイブは、人間中心主義に陥《おちい》って自分の欲望の実現にのみ心を奪われ、大事な次代を継《つ》いでいく子育てを何か煩《わずら》わしいことと思ったり、生活の中での二義的、三義的なものと考えている人々が多くなっているようです。

これは現在、日本の国全体に覆《おお》い被《かぶ》さっている社会的風潮で、まずここから根本的に変えて行かなくてはならないことかもしれませんが、このことは一応今後の教育改革の強力な推進に任せるとして、子どもを育てる役割の中心者は親であるという自覚を強く再認識することが今一番大切なことだと思います。

この自覚にたって子育ての本道を歩き、日常生活における正しい価値観や生き方を身をもって示し、教えて行かねばならないと思います。

赤ちゃんの迎え方

結婚前の心構え

子どもは、成熟した男性と女性との性交渉によって生まれることはいうまでもありません。ただ、この場合の性交渉がどのような状況でなされるかということが問題です。

現在の青少年の性意識は、昭和二〇年の太平洋戦争の終結以後、今日に至るまでの五十数年間に大きく変化しました。例えば、ＮＨＫ世論調査部が十三年間（一九七三年から一九八六年まで）に亘って実施した「婚前交渉の是非」についての調査があります。

それをもとに、婚前交渉についての意見を「厳格型」と「解放型」に分けて比較しているものがあります。因《ちな》みに、厳格型というのは「結婚式が済むまでは、性的交わりはすべきではない」とするものですし、一方、解放型は「結婚の約束をした間柄であれば許される」「深く愛し合っている男女であればよい」「結婚とか愛とかに関係ない」とするものを一括したものです。

結果は、一九四五年前後生まれの者を境にして、厳格型と解放型の比率が逆転し、一九七三年調査においては、十六歳から十九歳では厳格型が男子21%、女子45%、二十歳から二十四歳では男子12%、女子56%、開放型が十六歳から十九歳で男子66%、女子43%でした。ところが、一九八六年には厳格型を支持する者は男女平均で、十六歳から十九歳で9%、二十歳から二十四歳で8%、開放型支持は十六歳から十九歳では87%、二十歳から二十四歳で89%となっており、厳格型が10%に満たないほどに急激に減少しています。

その後の同種の調査でも、年が改まるにつれて性解放状況は進行し、高校生でも厳格型は男子で3%弱、女子でも9%に満たない状況です。

このように、今や社会全体の風潮が「性の解放・自由化」を謳歌《おうか》する時代となっています。このような環境の中で中学生や高校生の「援助交際」という名の売春行為が恥じらいもなく平然と行われることになり、また一方では、年齢に関係なく、性の自由化意識から安易な性交渉が行われ、その結果、望まない妊娠という思わぬ出来事に遭遇《そうぐう》します。そして、その処置として〝できもの〟をお医者さんに手術してもらうような感覚で、人工妊娠中絶をするのが、〝当たり前〟になっています。そこには、生まれ出ようとする子どもの生命を絶つことへの罪の意識も憐憫《れんびん》の情もありません。現在、このような出来事が日常的に行われているという悲しい現実があります。

このような社会風潮がやがては、「結婚の意義」を混乱させ、また「離婚の増大」「家庭崩壊」をもたらす要因となり、ひいては子育て環境の悪化につながることになります。

子育てに最も良い環境は、いうまでもなく、夫婦が仲良く調和した、明るく楽しい家庭にあるということは、昔も今も、これからも未来永劫《えいごう》に変わることはありえません。したがって、結婚前の青年男女の交際においては、性交渉についてより慎重であるべきではないでしょうか。

結婚はお互いが相手の人格に対して、心からの尊敬と愛情を持って結ばれることが最も望ましいと思います。このような考え方は現代社会では単なる理想主義でしかないとする声が聞こえてきそうな感じがします。でも、一時的感情によって好ましくない男女交際がなされた結果、生涯に亘って悔《く》いを残すことになったさまざまな事例を見るとき、矢張り、自分自身の尊厳を守り、賢明な理性と強い意志力で自己をコントロールすることが必要だと思います。

この事が、つまらないしがらみを引きずることなく、幸せな家庭を築く近道でもありますし、いよいよ子どもを授かって子育てをする場合には、夫婦円満な明るい家庭がそのまま子育てにとっての最も好ましい環境の基礎をなすものにもなります。

生命誕生の神秘

筆者は永年、教員養成の大学で児童心理学と視聴覚教育の講義を担当していました。その関係で、昭和五三年九月のある日予告もなく某映画販売会社から一本の試写用映画フィルムが送られてきました。小包の中にはフィルムと一緒に、試写後是非とも購入して欲しいという文書が入っていました。

「生命創造」という題名のフランスで制作された性教育用映画で、返送までに一ヵ月の期間がありました。当時手元には、国

内やイギリスで制作された同種のものが四本あり、大同小異の内容のものばかりでしたので、余り期待しないまま、そのうち、時間が空いたら見ようと思いつつ過ごしている中に、気が付いたら返却日の二、三日前になっていました。このまま返してしまおうかとも思いましたが、それでは先方に申し訳ない、ともかく見るだけでもと思い試写することにしました。そこで、折角試写するのだから同僚の先生方にも見ていただければと思い案内しましたが、皆さん忙しいと言うことで断られました。それなら独りで見るしか仕方がないと思い、研究室を出ようとしているところへ、たまたま、卒業論文の指導を担当している男女学生二人がやってきました。彼らに映画の試写をすることを話すと、是非見せて欲しいということで一緒に見ることになりました。（編注・現在この映画はビデオ化されており、今回は発売元の株式会社サン・グラフの御協力を得て紹介します）

いよいよ三人の試写会が始まり、スクリーンにはいきなり出産シーンが映し出されました。母親が、生まれたままの赤ん坊を自分の手で抱き取る場面です。

これまでに見た同種の映画では、通常、出産についての画面は図で説明されるものでした。ところがこの映画では、全て実写場面の撮影で構成されています。映画は前述の場面に続いて、子どもを育てることの大切さを説くプロローグの後、体内の撮影が始まります。卵巣から一個の卵子が排卵され、それが卵管を通る過程で精子と出会い、一個の精子との受精によって生命活動が始まるのです。単に受精といっても、何万個という卵胞の中から毎月一個の卵子が排卵され、何億個の精子の中からただ一個の精子がたどり着き受精するのです。その受精卵が、二日目に二つに、次に四つ、三日目に八つと卵割を繰り返す中で、受精後二十日くらいで目が出来、神経器官に続いて心臓が出来て血液を送り始めます。このように、秩序正しく、次々と組織や器官ができて、五週目には手と足があらわれ、徐々に人の子として成長する過程が実写シーンで展開されるのです。

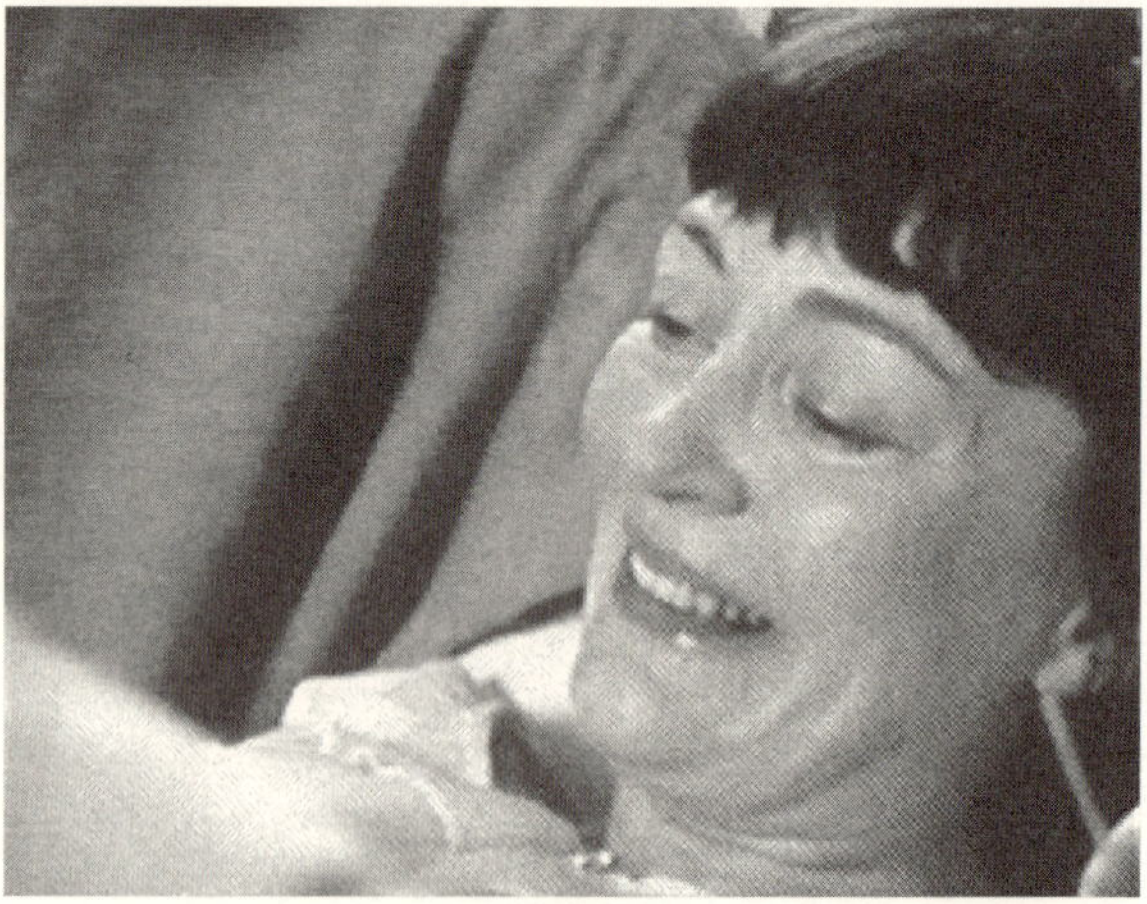

元気な産声を聞いて満面の喜びの母親

二ヵ月になると胎児は四センチぐらいと受精卵の四万倍ほどの大きさに成長します。鼻や口も出来はじめ、手足の関節も形づくられ筋肉も発育し始めます。三ヵ月ごろから少し動き

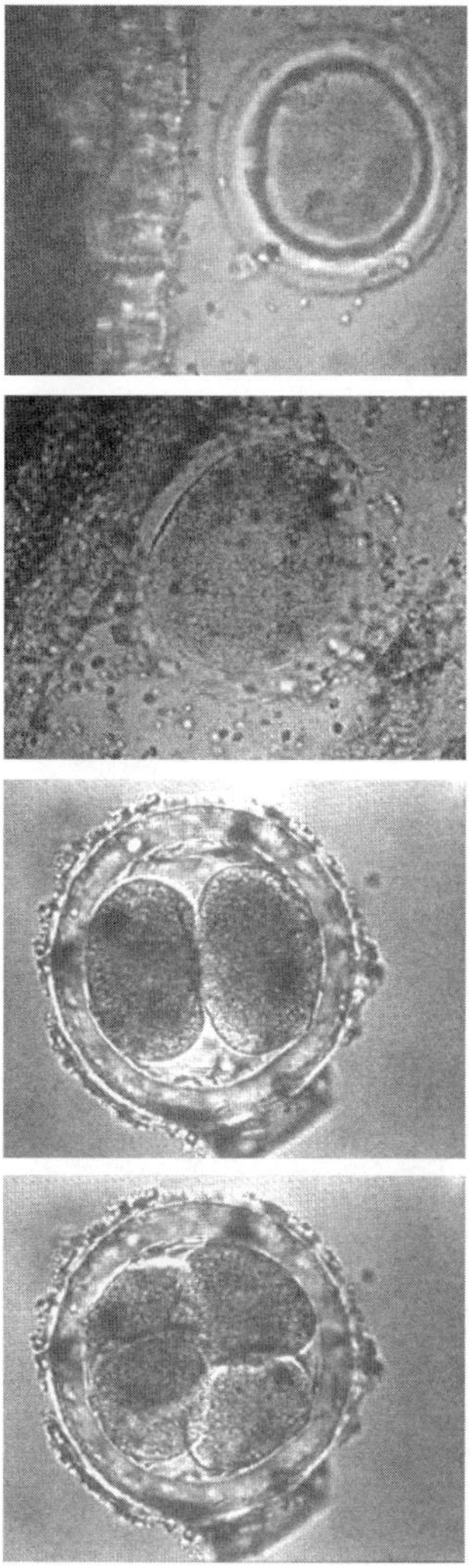

上から、排卵。受精。受精二日目の細胞分裂。次々と細胞が分裂する様子。

始めますが、母親がその動きを感じるのは五ヵ月目以降のことです。

一方、胎児の命を支える心臓も疲れを知らないように力強く働き続けています。「ではその力強い心臓の鼓動をお聞き下さい」というナレーションと共に力強くリズミカルな心臓の鼓動がスピーカーから聞こえてきます。ところで、胎児は母親の胎内にいながら、母親とは違う血液を持っているのです。

三ヵ月目になると、ほとんどの器官の形成が完了します。また、この発育時期にいろいろの臓器もできて重要な機能を果たすようになっています。もう奇形児や流産の危険は去ったといえるのです。

三ヵ月半、爪や指紋もはっきりとしてきます。足は手の発達より遅れます。

四ヵ月半、胎児の身長は約二五センチ体重は二五〇グラムほどになり、母親の胎内にいながらいくらかの光を感じ、母親や父親の声も聞いています。

五ヵ月になると、身長は約三〇センチ体重は約五〇〇グラムと急速に発達します。胎児の顔つきも人間らしくなり、頭に髪も生え始めます。そして、羊水《ようすい》の中に浮かんだ胎児は今まで静かな成長を続けてきたのですが、この頃盛んに動き始めます。

ナレーション「母親の感じる最初の胎動は雛の羽ばたきにも似てかすかなものですが、その衝撃はだんだん強くなり、たくましく成長している新しい生命は胎動を通じて母親に話し

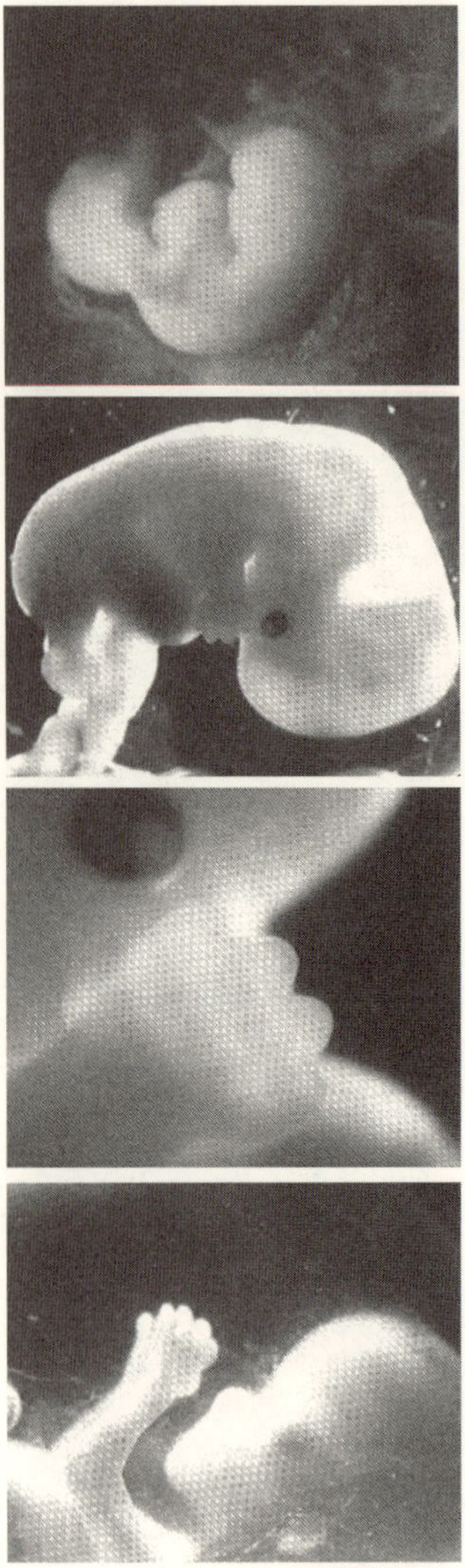

上から、四週目。七週目。七週目には目や平たい手に指の切れ込みも。二ヵ月目の胎児。

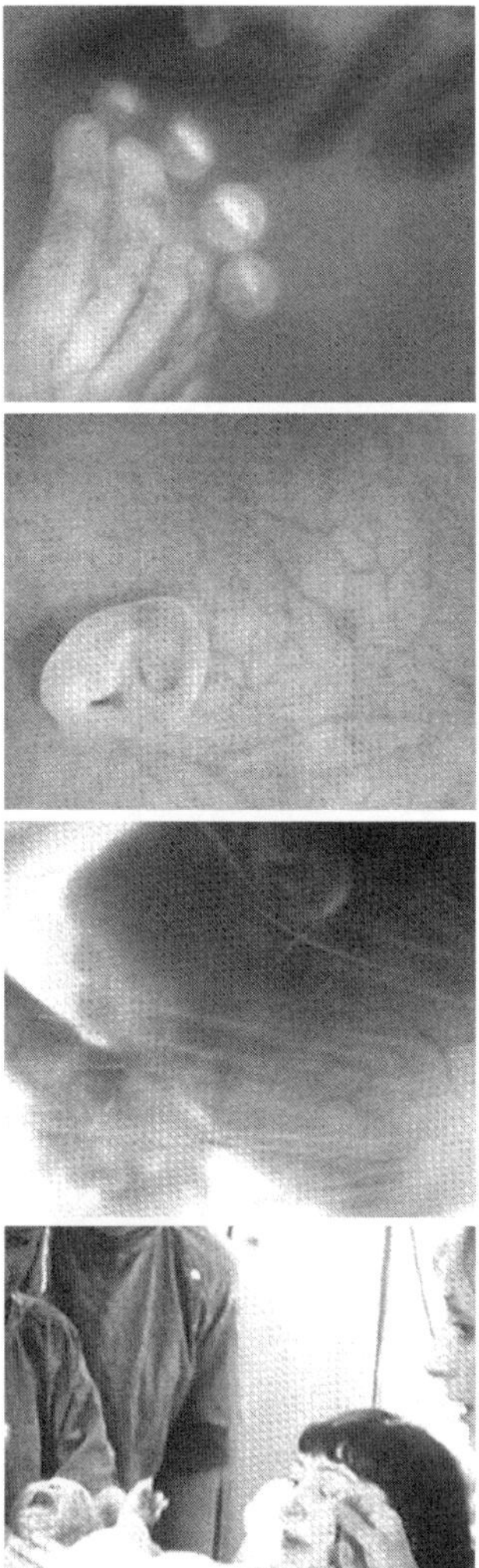

上から、三ヵ月半の足、爪もできる。しだいに人間の形に。出産に備える胎児。産声をあげる赤ちゃんを抱き上げる母親。

かけているかのようです」さらにナレーションは続きます。「それから約五ヵ月の間、それはまるで宇宙船のような胎内で、寒さや雑菌その他の危険から守られながら出産の日までゆっくりと発育を続けるのです」そして、妊娠末期になると、胎児は羊水を飲み込み、腸で吸収し、腎臓《じんぞう》で濾過《ろか》し、尿として子宮に戻すようなこともしたり、寝たり起きたりしながら生まれるための練習をします。

　こうして、いよいよ月満ちて出産。側《そば》で妻の無事出産を祈る面持ちで見守る夫。元気な産声。生まれたばかりの子どもを抱き取る母親。その顔に光る涙をぬぐいつつ妻に頬ずりする夫。……フィナーレのナレーション「生命創造のドラマがこれで終わった訳ではありません。

子どもを立派に育てるという責任が生じたこともまた事実なのです。」

この映画を見ながら、筆者は今までに感じたことのない烈しい感動を覚えました。それは、そこに育っている子どもの成長過程の奥にあって、寸分の狂いもなく、秩序正しく導いていく大いなる何ものかの意志を強烈に感じるとともに、そこに働く大生命の不思議な働きが、実は今自分の命そのものであることを直観的に感じ取ったからに他なりません。もし、そこに二人の学生がいなかったら恐らくこみ上げてくるものを押さえきれず嗚咽したことだろうと思います。

映画が終わりましたが、この感動は急にはおさまりません。真っ暗な中で時間稼ぎにフィルムの巻き返しをいたしました。二人の学生も真っ直ぐに前を向いたまま動こうとしません。フィルムを巻き返し終えた頃には、激情も収まりましたので照明を点灯し、電動ボタンを押して暗幕を明けました。

二人の学生が立ち上がったところで感想を聞くと、異口同音に「本当に感動しました。二人だけで見るのは勿体《もったい》ない思いです。全学生に見せてやりたいです。」と答えました。筆者も全く同感でしたし、早く他の学生にも見せてみたいという思いに駆られました。返却期間をのばしてもらって、四日後の「視聴覚教育概論」の講義の中で映写し、視聴後の反応調査もしてみようと思いました。そこで、直ぐに映画販売会社に電話して事情を話すと返却期間の延期を快く了承してくれました。

学生たちのレポート

いよいよ当日、講義の中で五十名くらいの学生に予定通り映画を提示し、レポートを書いてもらいました。視聴後の感想文を見て、この映画が学生達に予期した以上の大きな感銘を与えていることが分かりました。

その後、直ちにこの映画の購入手続きを取ったことは言うまでもありません。これが縁となって、この映画は今日に至るまで二十年以上に亘り、毎年、講義・講演などさまざまな機会に活用されることになりました。

話がそれましたが、ここに最初に講義の中で使った時のレポートの中から代表的なもの二篇を紹介します。

M・H　男性（当時教育学部二年生）

《今、一番強く感じていることは、生命の尊さと神秘性（すばらしさ）である。母体内での胎児のめまぐるしい身体成長と生命誕生の神秘さには驚き感動した。

自分が今、生きていられる、この世に存在しているんだということを改めて認識させられた。

この映画は非常に価値ある映画だと思う。何か性教育という枠を越えた、人間存在の意義、言い換えれば、今こうして自分という一人の人間が生きていられると言うことの尊さが、ひしひしと伝わってくるからだ。

母体内での生命の誕生は、見るものを神秘の世界へ引き込んでくれ、出産直後の、これ以上喜びを表せないような母親、そして父親の顔の表情は、みる者に生命誕生の感動と親の愛情の深さを感じさせてくれる。

僕自身、この映画を見終わって、今ここに生きていられることの意味深さ（尊さ）を十分感じることが出来た。生命尊重の意味を認識させるには最高の映画ではないかと思った。》

E・G　女性（当時教育学部二年生）
《この映画では、受精から新生児の誕生までの過程を実録していたが、これは今まで行われてきた日本の性教育や生物の学習を画期的に前進させるものとして重要なフィルムだと思う。

殊《こと》に受精卵が分裂を繰り返してゆく様子は、単細胞から二割球、四割球といった具合に、教科書では変化の断片的な部分しか図解されていないものと比べ、その受精卵の生命体としての力強さや、脈打つようにどんどん細胞が増えていく瞬間、瞬間は、一つの感動を呼ぶものがある。そして、徐々に人間の子どもらしくなっていく成長過程をみるにつけても、その生命の尊厳さを感じずにはおられず、安易に堕胎《だたい》手術をしたり、また、そのような結果を迎えるようなことはしてはならないと示唆《しさ》されるところがある。そしてまた、出産場面の母親の苦痛にゆがんだ顔や新生児が母体から取り上げられる場面、その後の母親の安らいだ面持《おもも》ちと父親の感激の涙にくしゃくしゃになった顔、この光景は単に性教育のためではなく、我々人間に人類愛を喚起《かんき》し、一つの生命が誕生することの重みを実感させるものとして視聴者に大きな感銘と教訓、示唆を与えるものだと思う。》

映画を見て勉強が好きに……

以上のように、この映画を最初に提示したときの代表的なレポート二例を掲載しましたが、この男性Ｍ・Ｈ君についてはさらにその後特筆すべきエピソードがあるのです。

この映画を講義で提示したのは、昭和五三年一〇月二〇日ですが、それから一ヵ月半くらい後の一二月のある日、筆者の所属する学科で学生主催の忘年会が大分市内の某料亭でありました。会場に行ってみると、教員も学生の中に入って欲しいということで座席のくじが用意されていました。当った番号の所にいってみると、右隣りにM・H君が坐っているのです。後で頃合いをみて、映画についてその後の感想を聞いてみようと思っていました。ところが、私が席に着くと直ぐ、彼の方から、

「先生、この前見せてもらった映画はすごく良かったですね。」

と話しかけてきたのです。筆者も「あの映画は本当によい映画だったね。あの時の君のレポートを読ませてもらいました。あれから大分時間がたったけれど、今はどんな感じでいるの」と問いかけました。すると、彼から意外な返事が返ってきました。

あの映画を見た後で勉強が好きになったというのです。〝映画を見て勉強が好きになる〟といってもどうも納得出来ませんので、さらにその理由を聞きました。すると、彼はあの映画を見た後、父母に対して、今までの漠然とした感謝の気持とは違った、深く心の底から感謝する気持が湧いてきたというのです。すると、今までの自分の生活態度が反省されて、父母に対して心から申し訳ないと思ったといいます。というのも、二年生になって学生生活にも慣れて、パチンコ、麻雀、コンパ等々と、友人達から誘われればいやとは言えず毎日遊び

惚《ほう》けていたというのです。それが、父母に対して済まないと思うようになったら、今までのように誘われるままにということが出来なくなり、一つ断り二つ断りする中に、時間を持て余す程の暇の存在に気が付いたそうです。この暇な時間をどう過ごそうかと考えた時、日頃先生方から読むように薦められていた専門書を読んでみようと思ったそうです。始めの中は内容が難しくずいぶん骨折ったようです。ところが、一所懸命に理解しようと努力している中に、書物を読むことがこれ程楽しいことだったのかと始めて気が付いたというのです。

筆者は、父母への感謝の心がなぜ彼の生活態度を変えるまでに深まったのかについて、さらに聞いてみました。

彼はこう答えました。あの映画を見るまで、自分がこの世に生を受けた始まりは父母の性交渉にあると思っていたが、それが間違いであることに初めて気づいたといいます。したがって、自分の存在が父母の性交渉に始まると思っていたときには、自分の存在の尊さは感じられなかったが、あの映画を見ているとき、受精の瞬間から秩序正しく一定の順序に従って、寸分の狂いもなく人として育つ胎児の奥にある偉大な生命こそが胎児を育てている力だ、その偉大な生命が今自分の中に生きているんだと感じたとき、何とも言えない感動に包まれ、自分自身の尊さ、自分の存在意義をしみじみと感じることが出来たといいます。その結果、父母の役割もまた生命を生み出す偉大な力の働きそのものであり、父母の性交渉はいわばそのお手伝いに過ぎないんだと思ったと言います。

こうして、彼は自分の誕生が父母の性交の結果であると考えていたときには、心のどこかに何時《いつ》もわだかまっていた面映《おもは》ゆさ、嫌らしさを、初めて超えることが出来たそうです。そして、父母へのこれまでの感謝の気持は、ここまで育ててくれたんだからありがたいという条件付きの感謝であったことに気づくと同時に、この自分という尊い存在を、愛情を持って生んで下さってありがたいという無条件の感謝へと心を転回することが出来たのだそうです。

それから二年後、その後の努力の成果が表れる時期がやってきました。元々すばらしい人格と素質を持っていたのでしょうが、卒業論文はその独創性といい、その内容といい、他に抜きん出た申し分ないものでした。学科の教員全員が異口同音に讃嘆するとともに、申し合わせたように、彼に研究者としての道を選んだらどうかと奨《すす》めたようでした。しかし彼の心は決まっていました。両親が苦労して自分を大学まで遣《や》って下さり、年老いたこともあって、今は私が就職するのを首を長くして待っていますので、これ以上迷惑をかけるわけにはまいりません。就職先の決まっている小学校の教員として頑張っていきますという返事で、誰もその固い意志を翻《ひるがえ》させることは出来ませんでした。

この事例は、私たちに真の自己の尊さとは何かを自覚させることがいかに大切であるかを教えてくれる好個の事例であると思います。


次に、E・Gさんのレポートについてですが、文中に「……その受精卵の生命体としての力強さや脈打つようにどんどん細胞が増えていく瞬間、瞬間は一つの感動を呼ぶものがある。そして、徐々に人間の子どもらしくなっていく成長過程を見るにつけてもその生命の尊厳さを感じずにはおられず、安易に堕胎《だたい》手術をしたり、またそのような結果を迎えるようなことはしてはならないと示唆されるような所もある。……」というように、彼女の場合も受精卵の生命体としての活動から誕生までの成長過程を見ながら、生命の尊厳を感じずにはおれないといい、さらにその尊い生命によって生み出されようとしている子どもの命を堕胎手術（人工妊娠中絶）によって絶ってはならないといい、さらに、人工妊娠中絶をしなければならないような事態を迎えるようないい加減な性行為をしてはならないということを痛切に感じ取っています。

女性の場合、このレポート以外にも人工妊娠中絶について触れるものが多いことが注目されます。その中での顕著な意見・感想に次のようなものがあります。その一つは、「自分は今まで人工妊娠中絶は、それぞれいろいろな事情によってやむをえずする訳で、いわば〝必要悪〟といった種類の出来事であり許されるべきものであると思っていたが、あの胎児の成長の姿を見て分かったことは、そこにあるのは尊い命そのものであり、何ヵ月までなら中絶しても良いというものではないことがよく分かった。」と述べています。

またその他に、「私の同級生二人に相談されたことですが、男子学生と付き合っている中に妊娠をしてしまい、どうしていいのか分からず悩みに悩んでいる。いい知恵を貸して欲しいというのです。私もどうしていいかよく分からなかったので、まだ結婚もしてないことだし中絶するしか仕方ないいんじゃない、などと無責任なことをいったために二人とも中絶してしまいました。私がもっと早くこの映画を見ていたら、あのようなことは言わずに済んだと思い残念です。またこの映画を友人二人に見せることが出来ていたら、中絶というような愚かなことをしないで済んだのにと思うと残念です。この映画は全学生に見せるべきだと思います。」というものもありました。

さて、この映画「生命の創造」の視聴を通じて、学生達が学び得たことをまとめてみると、どの学生も胎児の成長過程を見ながら、胎児を育て導く生命の神秘さに打たれると共に〝生命の尊厳〟を深く感じ取っています。そして、そこから、その尊い生命が、今、自分の中に生きて働く生命であることを理屈なしに感じとることによって、その「尊い生命」を生きる「自己の尊さ」を覚《さつ》っていることが分かります。また、同様の自覚から胎児の生命の尊さを直観し、人工妊娠中絶の非を覚ると共にそのことを他の人々に訴えたいという意欲までも持っていることが注目されます。

親の快楽の犠牲者

これに関連して思い出すのは、この時（昭和五三年）から十年ほど前のことです。ここに述べてきたこととは正反対の出来事に出会って愕然《がくぜん》としたことがありました。

昭和四三年前後の頃、「大学紛争」という革命前夜を思わせるような出来事が全国的に吹き荒れました。地方の大学でも、学生達が大学の建物を占拠して大学の自主管理・自主運営を叫ぶデモに明け暮れ、一方で「団交」と称する学生団体と学長を中心とする大学教官との連日の徹夜交渉が行われ、大学が長期にわたって麻痺状態に陥ったことがありました。

その時、私の指導担任の一学生に、学生団体のある派のリーダーとしていつもデモの先頭に立っているものがいました。私はこの学生と心を割って話し合ってみようと思いました。そこで無駄だろうとは思いつつ学生係を通じて掲示板で呼び出しをしてもらいました。ところが、思いの外早くその学生が私の研究室のドアを叩いたのです。入ってきた学生はいつものヘルメットに角材を持った物々しい姿ではなく、普通の服装でやってきました。「先生、何の用事ですか」という学生に椅子をすすめ、コーヒーを飲みながら、差し障りのない話題での会話から、笑顔も出るような打ち解けた雰囲気で話し合いが進みました。

頃合いを見計らって、「君の今やっていることに水を差すようだが、今の姿をお父さんとお母さんがご覧になったらどう思うだろうか。」と言ったのです。すると思いがけない強い語調での返答が返ってきました。「私には父母に恩なんかありません。私は親の快楽の犠牲者です。」と突っかかる言い方でいうのです。当時の私は若かったこともあって、「親に対してそんなことを言っていいのか……」とただ唖然とするばかりでした。

〝快楽の犠牲者〟これまでに考えたこともないこの言葉に衝撃を受け、返す言葉もないまま別れてしまったのです。

しかし、よく考えてみると、これこそが現代社会一般の考え方なのだと気付きました。現在では、意識するとしないとに関わらず、「性」は子供を産むための行為ではなく、快楽の追求のために行うものとなり、〝子ども〟はセックスの副産物でしかなくなっているのです。したがって、子どもは尊い存在ではなく、自分の所有物であったり、時には邪魔者であったりもすることになります。そして、このような感覚が親の身勝手な行動、言い換えれば人工妊娠中絶となったり、近年、急激に増加している児童虐待にもつながっていると考えられます。また、このような社会一般の風潮が、さまざまなマスメディアによる興味本位の性表現となって青少年の性行動にも大きな影響をもたらし、青少年の安易な性行動となったり、高校生や中学生の援助交際という売春行為となっていると考えられます。

なお、このような風潮の中で育つ子ども達が、自分が親の快楽を目的とする性行為の結果生まれてきたのだと思うとしたら、自分の尊厳はもちろん自分の存在価値さえ感じられなくなるのは当然ではないでしょうか。まさに、自分は親の快楽の犠牲者でしかないでしょう。

これまで、「人の誕生」に対する対照的な全く異なる見方を紹介してきました。この全く異なる二つの見方をもとに「人はなぜ尊いのか」について考えてみるとそこには自ずと答えが出てまいります。

ひとつの見方は、人間をただ単なる生物の一種であり、物でしかないとする見方です。この場合、人生の出発点は男女の性交に求めるしかありません。このような見方からはどうしても人の尊さは感じようもありません。それのみか、前の事例にもありましたように、自分を親の快楽の犠牲者であるとか、セックスの副産物であるとかの「自己嫌悪感」を持つことさえあるのです。したがって、「人はなぜ尊いのか」という問いに答えるためには、このような見方、言い換えれば、このような物質的人間観から解放されなければなりません。

そこで、「人はなぜ尊いのか」に対する答えは、これまでに見てきたように、自分を単なる物質的生物としての人間と見るのではなく、物質的な肉体と見える自分の中に生きる尊い生命を発見すること、言い換えれば、全ての生き物を生かしている偉大な力に生かされている自分であったという自覚から、さらに進んで、自分も他の人々も皆同じ生命を生きている「生命のきょうだい」であるという自覚を得させる以外にはあり得ません。

いのちの源は遺伝子？

最近は、「遺伝子」をはじめ生命科学の研究が長足の進歩を遂げ、ともすると、クローン牛の誕生などの例に見られるように、遺伝子操作によって、やがてはクローン人間さえも造れるようになり、人が生命をも支配することが可能になる、というような考え方さえもが出てまいりました。

本当にそうなのでしょうか。この問題について、遺伝子研究の権威である村上和雄先生の見解をその著書『生命の暗号』（サンマーク出版）をもとに要約して見ることにします。

私たちの体が膨大な数の細胞によって出来ていることは周知のことですが、どのくらいの細胞で出来ているかといえば、体重一キロあたり約一兆個の細胞があるといいますので、体重六十キロの人では約六十兆個あり、生まれたばかりの赤ちゃんでも約三兆個の細胞を持っていることになります。そして、驚くことにはその一つ一つの細胞の中心には核があって核膜で覆われており、その核の中に遺伝子があるのですが、膨大な数の細胞の中にある遺伝子は、例外をのぞいて全てまったく同じ遺伝子（ＤＮＡ）が組み込まれているといいます。

しかも、人の細胞一個の核に含まれる遺伝子（ＤＮＡ）の基本情報量は三十億の化学の文字で書かれており、これをもし本にすれば千ページの本で千冊分になるといいます。そして、私たちはこのＤＮＡに書き込まれた膨大な情報によって生きているということです。

さて、この膨大な情報量を持った遺伝子が、これまた膨大な数の細胞の一つ一つに全く同じ情報として組み込まれているということは、体のどこの細胞の一つを取ってきても、そこから人間一人を立派に誕生させることが出来る可能性を持っているということになります。

ここまでの話では人が生命を操作してクローン人間が造れるということでしかありません。ところが村上和雄先生は次のような疑問を提示されます。

どの細胞も、人間一人の生命活動に必要な全情報を持っているとしたら、爪の細胞は爪にしかならず、髪の毛の細胞は髪の毛の役割しか果たしていないのはどうしてなのか。受精卵から分裂して体を作っていく過程で、細胞間で何らかのそういった取り決め、役割分担みたいなものが行われ、各細胞がそれをきちんと守っていると考えられるといいます。

いったい誰がこんなすごい遺伝子の暗号を書いたのか。遺伝子の暗号を人間自身がかけるはずがない。では、誰がと考えるとき、どうしても人間を超えた何か大きな存在を意識せざるを得なくなると言われます。そして、村上先生は「私自身は人間を超えた存在のことをサムシン・ググレート（偉大なる何者か）と呼んでいます。それがどんな存在なのか具体的なことは私にも分かりませんが、そういう存在を想定しないと、小さな細胞の中に膨大な生命の設計図を持ち、これだけ精妙なはたらきをする生命の世界を当然のこととして受け入れにくいのです。」「人間は自然に挑戦するとか、自然を征服するとか、いろいろ勇ましいことを言っているけれど、大自然の不思議な力で生かされているという側面も忘れてはいけないのではないか。」と訴えておられます。

筆者は今日に至るまで、子育てに関する講演はもちろん、性教育、同和教育、人権教育などさまざまな講演・講義を担当して参りましたが、いずれの場合も話の根底に「人がなぜ尊いのか」ということに答えられるものがなければならない、現代人が現在最も必要としているのは、意識するとしないとに関わらず、この思想でしかないと思っています。

特に、現在行われている同和教育・人権教育では、肝心の所で何か物足りないものを感じざるを得ません。それは真の意味で「人の尊さとは」の問いに答えていないからだと言って過言ではないと思います。

右記のような「人知を超えた偉大なる何者かに生かされている自分の発見、その命の本源に対する畏敬と感謝の心」は〝宗教的情操〟ということができます。もう宗教の世界に入っている思想です。宗教においては、この人知を超えた偉大なる何者かは〝神〟と呼ばれたり〝仏〟と呼んだりする信仰の対象です。

現在、教育基本法の見直しがなされようとしていますが、現行の教育基本法では、第九条第二項で公教育における特定の宗教のための宗教教育を禁じています。そのために学校教育においても社会教育においても、全ての公教育の場では、人が生きていく上で最も大切な

「宗教的情操」の教育がないがしろにされ、無視されてきたわけです。この事が現在、人命軽視の非人道的犯罪を多発せしめている一因だといえると思います。

しかし、よく考えてみると、宗教的情操の教育は公教育の場のみでしなければならないというものではありません。むしろ、胎児期、乳児期、幼児期を通じて就学以前の最も可塑的《かそてき》な人格形成の時期に、家庭の親による子育ての過程で、日々の親の言語や生活態度を通じて心の奥深いところに形成されるものであることを忘れてはならないと思います。まさに、脚《きゃっ》下照顧《かしょうこ》（自分の足下に気を配ること、自らを反省せよ、という戒め）です。

子どもを尊ぶ心

あなたは、これから生まれ出ようとしている子ども、あるいはもう既にこの世に生を受けた子どもをどのように見ていますか。

この何でもないような心の持ち方が、実は子どもの将来を支配することになるのです。なぜかと言えば、この心の持ち方があなたの子どもへの日常の何気ない接し方の中に、無意識のうちに表現されるからです。

例えば、子どもをいとおしく思っている人の接し方は、自然に明るく優しい言葉で語りかけるでしょうし、愛情豊かな態度や行動が子どもの心を穏やかに満ち足りたものにするでしょう。

もし、生まれてきた子どもに好ましくない感情を持っているとすれば、それはそのまま子どもに対する何気ない言葉や態度の中に、自分でも気付かないまま子どもにとって好ましくない表出がなされるでしょう。そして、その接し方がそのまま子どもの人格形成に大きな影響を与えることになるのです。

これまで、人はなぜ尊いのかについて考えてきましたが、人の尊さが分かると言うことは、とりもなおさず自分の尊さが分かるということですし、他人の尊さが理屈なしに分かるということです。自分も他の人も皆同じ大いなる不可思議ないのちによって生かされ、ここに今こうして生きているのです。

かつて、筆者が自分の子ども（女子…小学五年生か六年生の頃）にこのような話をして聞かせたことがありました。その時、この子どもが「では、お父さんとわたしとはいのちのきょうだい？」といったのです。子どもの直観力に驚きながら「そうそう、その通りだ」と言いました。まさに、親と子は一見上下・垂直関係ですが、私たちを生み出した大いなるいのち（大生命）の側から見れば皆同じいのちを生きるきょうだい（平等・水平関係）です。

社会の多くの人は、ともすると子供を〝作る〟と言いますが、それは本当でしょうか。前に見てきましたように、子どもの出生は夫婦の性交渉が源ではありません。性交渉は確かに生命創造の機縁ではありますが、胎内で育つ子どもの発育は、全て大いなるいのちのなせる技ですし、性行為そのものも大生命のはたらきによる以外の何ものでもありません。したがって、子どもを〝作る〟という言葉は適切な使い方ではありません。むしろ、誤った用法であり、人間の思い上がった不遜な用語だといえます。では、どのような用語が適切でしょうか。昔の人々が日常的に用いていた〝授《さず》かる〟という言葉が最も真実を表現する適切な用法ではないでしょうか。

〝授かる〟という言葉の奥には言外に授け主である大生命の存在についての意識が秘められており、子どもを授かった両親の心には、授け主に対する畏敬《いけい》と感謝の念が込められています。したがって、こうして授かった子どもは、何ものにも代えがたい大切な子であり、いい加減《かげん》な子育てをしては授け主に対して申し訳ないという気持が存在します。そして、その時の接し方には、きっとわが子への愛情に満ちたまなざしと尊敬の念が注がれているでしょう。

さて、現在、子ども達にはさまざまな憂慮すべき問題が多発していますが、親の方にもわが子を自分の恣《ほしいまま》に虐待する親があり、わが子に生命保険を掛けて保険金を得ようとする親まで出現しています。このような現代社会の異常現象は、戦後五十数年間に亘って行われてきたわが国の教育が、本当の人の尊さを教えることをどれほどないがしろにしてきたかということの証左だと思います。そして、その結果、自分の尊さはもちろん自分の子どもの尊さをも自覚できない親がたくさん出現することになったといえましょう。

自分自身が親から尊ばれた経験を十分にもつことのできた子どもは、将来にわたる人生で、好ましい人間関係を持つことのできる性格を獲得することになるはずです。

胎　教

母体の健康

子どもが胎内にあるときに行う教育を胎教といいますが、この言葉は古くから使われており、一般的には「妊婦が品行を正しくして、胎児によい感化を及ぼすようにすること」(『角川漢和中辞典』角川書店)というような意味で用いられています。

ところが、この胎教の影響については従来、いろいろのことが言われてきました。例えば、古くからの言い伝えで〝母親が妊娠中に火事にあうと顔にあざのある子が産まれる〟とか、〝死人を見ると不具の子どもができる〟というような迷信と言っていいものもあります。現在では、このような迷信は否定され、胎児を育《はぐく》む〝母体環境〟の重要性という意味での胎教が重視されてきました。

まず、この母体の胎児に及ぼす影響の中でも、通常最も影響が大きいと考えられてきたのは、母体の健康と栄養でした。例えば、母親が内分泌障害や風疹《ふうしん》、梅毒・エイズ、慢性的疾患などに罹患《りかん》している場合や、ひどい栄養障害に陥っている場合には、胎児に種々の障害がみられますし、また、ある種の薬剤の服用やX線の照射によっても、胎児の成長に大きな影響を与えます。その他、妊娠中の過度の飲酒、たばこの常用なども胎児の発育に悪い影響を及ぼすと言われています。

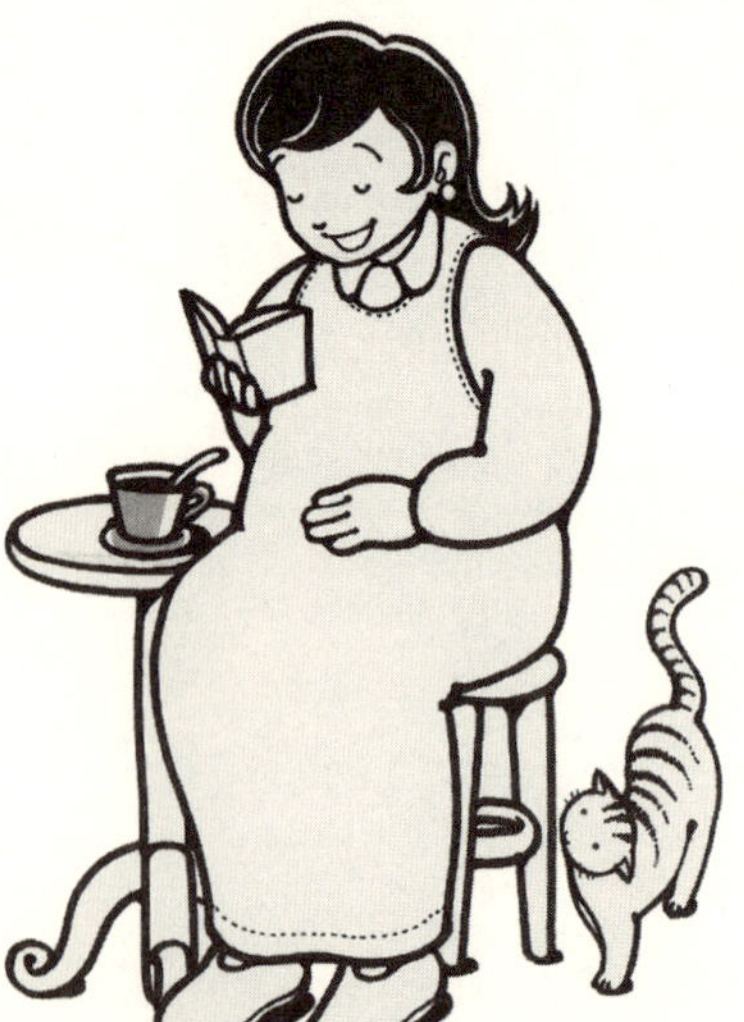

また、このような母体の影響以外に、昔から、母親の情緒生活の不安定も、子どもの発育

に悪影響を及ぼすと言われてきました。これは、母親の情緒不安定（緊張）が、母体に生理的な変化を引き起こし、内分泌の不均衡が生じることから、それが胎児に悪影響を与えるという考え方で、その影響は妊娠初期において著しいと言われています。このような、母親の情緒生活に伴う生理的な変化が、胎児に影響するという意味での「胎教」は、現時点においても大事なことだと思います。ですが、前述の「妊婦が品行を正しくして、胎児によい感化を及ぼす」というような、精神生活そのものが胎児に直接影響を及ぼすという意味での胎教についての科学的説明には欠けています。

胎教は効果があるか

今から二十数年前のことです。知人の心理学の先生が「あなたは胎教が本当に効果あるものと思いますか。私は無意味なものと思いますよ」と言われたことがありました。その理由は次のようなことです。

その頃は、心の座としての脳の働きを研究する大脳生理学の発達がめざましく、その成果をもとに、教育面にさまざまな新しい提言がなされていました。

例えば、生まれたばかりの赤ちゃんでは、大脳を構成している脳細胞の数（百四十億個）

は大人とまったく同じ水準にまで育っており、この脳細胞の数は、終生、減ることはあっても増えることはないといわれていました。では、大人の脳と赤ちゃんの脳とはどこがどう違っているのでしょうか。

たしかに、脳の重量は生まれたときに約四百グラムですが、生後六ヵ月で二倍になり、七、八歳で大人の重量の95％にまで達します。あとはゆっくり成長してゆき、二十歳前後で完成するということです。この脳の重量の増加は、脳細胞そのものの増加によるのではなく、グリア細胞という脳細胞の栄養となる細胞が、脳細胞の間を埋めるように増え続けることと、脳細胞の一つ一つから、樹の枝が枝分かれしたように発達する樹状突起《じゅじょうとっき》と呼ばれるものや軸索《じくさく》と呼ばれる長くのびた神経繊維《せんい》が発達して、他の脳細胞と複雑に絡《から》み合うことによるものです。そして、この脳細胞の複雑な絡み合いこそが、脳の働きに直接関係しているのだというのです。

したがって、生まれたばかりの赤ちゃんの脳細胞は、いわば、コンピュータの中の多数の部品のようなもので、それぞれの部品は何一つ欠けることなくそろっているのですが、肝心の脳細胞の絡み合い、つまり、それぞれの部品の間に配線がされていないためにコンピュータが働かない状態であって、そのために脳の働きはないというのです。したがって、生まれたばかりの赤ちゃんの脳は「白紙」のようなもので、誕生後から初めて色づけがされるようなものだと考えられていました。

先ほどの知人の心理学の先生は、このような意味で百四十億の脳細胞の間に絡み合いのない状態の胎児にとって胎教は意味のないものだといわれたわけでした。

このように、以前は、胎児はもちろん、生まれたばかりの赤ちゃんも、何も分からない、何もできない無能力なものと、長い間考えられてきたわけです。ところが、一九七〇年代半ばごろからアメリカを主として赤ちゃん研究が急速に進んで、生まれたばかりの赤ちゃん〈新生児〉に、驚くべき能力があることが報告され始めました。

わが国においても、一九七八年ごろ国立小児病院に付属して新しい赤ちゃん研究の専門機関として小児医療研究センターが開設され、赤ちゃん研究が開始されました。

その驚くべき研究成果に着目したNHKが、早速数度に亘り特集番組を組んで、貴重な映像を駆使《くし》して、その優《すぐ》れた内容を放送しました。これは新生児や胎児についてのそれまでの常識を覆《くつがえ》すもので、これを視聴した若いお父さんお母さんをはじめ社会の多方面の人々に大きな衝撃を与えました。

NHKによる最初の放送は、昭和五六年（一九八一）五月に〈科学ドキュメント「出生一

週間　赤ちゃんの知られざる能力」〉というテーマで放送されました。次の放送は三年後の昭和五九年（一九八四）三月に相次いで二つの番組が放送されました。一つは〈サイエンスロマン・人体探検「神秘…赤ちゃんの誕生」〉次は〈NHK特集「赤ちゃん～胎内からの出発」〉です。この二つの番組は、その前年の一九八三年に世界的に権威のあるアメリカの週刊誌『タイム』がその三月号に「ベビー特集号」を組み、アメリカの各地の大学、研究所における医学、心理学などの赤ちゃん研究の最新情報を紹介したことが契機となって、アメリカのジャーナリズムで「賢《かしこ》い赤ちゃん」ブームが起こったことと関連があるといわれています。

さて、ここではNHKで放送された三つの番組の内容を中心に、胎教に関連のある注目すべき内容を紹介しましょう。

誰でもが知っていますように、赤ちゃんには目覚めているとき手足をわやわやと動かす様子が見られます。この運動には以前から「全体的運動」あるいは「でたらめ運動」という学問的名称がつけられていますが、何故そのような運動が起きるのかについては〝恐らく何らかの内的刺激によるのであろう〟ということで説明されています。

ところが、この「でたらめ運動」が、ただのでたらめな行動ではなく、音声刺激に対する有意味の反応ではないかと考えられるようになり、それを確かめる研究が進んだ訳です。

番組の中での実験は、それぞれ専門の異なる愛育病院（保健指導部長）の高橋悦二郎先生、東京大学教授（小児科）の小林登先生、東京工業大学教授（システム工学）の石井威望先生等によって構成された〝母子相互作用研究班〟による「母子の対話システム研究」を紹介するものです。

実験は、おおよそ次のような手続きで行われました。生後三日目の赤ちゃんをベッドに上向きに寝かせ、ベッドの側からお母さんと男性（高橋先生）が替わりあって赤ちゃんに「ボクボク」「ハイハイ」「イイコネ」と声をかけます。その後、コンピュータの合成音で同様に声かけをします。その時の赤ちゃんの動きをテレビカメラで撮影し、両手の動き（数）のみをコンピュータで読みとります。

すると次のような結果が出てきました。赤ちゃんが一番よく反応を示したのはお母さんで、男性には弱い反応、合成音にはまったく反応がありませんでした。

このことは何を意味しているでしょうか。一つは、生後三日目の赤ちゃんが人の声とコンピュータの合成音をちゃんと聞き分けていること、次には赤ちゃんがお母さんの声を知っているということです。これは大変な発見的事実で、赤ちゃんがどこでお母さんの声を記憶したかということになります。いうまでもなく、お母さんの胎内で聞き覚えたという以外にないことで、誕生以前の胎児にも既に記憶の能力が備わっているということです。

では胎内でどのように外の音が聞こえているのでしょうか。これについて次のような場面が出てきます。母親の胎内に特殊なマイクを挿入して胎内で聞こえる音を調べています。腹壁を通しての声ですので、普通の状態の声ではありませんが確かに聞こえています。診察室でお医者さんが、子どもの親となる夫婦に「男の子がいいですか、女の子がいいですか」と聞いている声と共に夫婦の会話が聞こえてくるシーンもあります。

この胎児の感覚能力がどの程度発達しているかについて、アメリカでの研究が紹介されていますが、出産予定日より二ヵ月も早く生まれてきた未熟児が、普通に、目も見えるし音も聞こえることが報告されています。さらに、超音波診断器を使用して、三十七週目の胎児に母親の声がどのように影響するかを見ているところもありますが、指しゃぶりをしたり、羊水を飲んでおしっこをしたりする場面と共に、母親の大きな声にからだ全体で反応する姿も見られます。

また、こんなシーンもあります。生後二日と三日の赤ちゃんが泣いているところに、母親の胎内で録音された血流音を聞かせます。すると、赤ちゃんは泣きやんで静かになるのです。

この場合も、胎内でいつも聞いて育った血流音が、いかに赤ちゃんにとってなじみ深いものであり、心の安定をもたらすものであったかということを証明しています。

これらの例は、胎児は胎内で耳が聞こえていること、しかもそれを記憶する能力を持っているようだということです。

赤ちゃんのためによい胎教とは

このように、新生児にさまざまな記憶があるということは、明らかに胎児の感覚・知覚の能力が誕生以前に発達していたという証拠です。因みに、胎生二ヵ月でも母親のお腹を押したりつついたりすると、身をよじる反応が見られると言われますし、四ヵ月では、強い光に瞳孔を閉じる反射が見られ、六ヵ月を過ぎた胎児は胎内で聞こえる心臓などの音、人の声をはじめ、さまざまな外界の音に関心を示す様子や反応が見られるといわれています。

ということは、胎児は生命活動を始めた最初から、さまざまな出来事を経験しているということであり、そのいろいろの経験が記憶されているということです。判断力や思考力というような高次の心のはたらきこそありませんが、恐らくは、ここで経験するものは「快」か「不快」のいずれかの原始的な感情を伴うものであろうと推測されます。

こうしてみてきますと、胎教は、前述のような単なる母体の医学的生理学的な変化に伴う影響や、薬物が胎児におよぼす影響などを「胎教」と呼んできた従来の考え方に加えて、一九七〇年代以降の科学技術の進歩によって発展してきた、新しい赤ちゃん研究の成果として見いだされた、母体をめぐる外界からのさまざまな刺激を胎児が経験し、無意識的に身につけていく「胎教」があることが分かります。

ここで、初めて「妊婦が品行を正しくして、胎児によい影響を及ぼすようにすること」というような胎教が、決して単なる言葉上のことでなく、科学的にも大変大切な意味を持っていることが確認されるわけです。

さてそこで、お腹の中の赤ちゃんにとって、常に、最も身近にいる父親、母親やその他の家族が、日頃、なんとなく交わしている日常的な会話や態度が、日夜、赤ちゃんに大きな影響を与えているのだということを改めて再確認しておかねばなりません。

では、お腹の赤ちゃんのためのよい胎教とはどのようにすればいいのでしょうか。

まず、お腹に赤ちゃんを宿したお母さんについてみますと、まず第一には、赤ちゃんを喜んで迎える気持が大切です。そのためには、お腹の中に宿っている赤ちゃんを、私たちのいのちの本源である大生命（サムシング・グレート）からいただいた（授かった）尊い子どもなんだ、という感謝の気持で赤ちゃんを迎えて上げることです。

そして、誕生までの赤ちゃんのすこやかな成長のすべてを、神秘なる偉大な育て主にお任せし、感謝する心が求められます。実は、このような心を妊婦がいつも持ち続けることができれば、胎児にとって最も大切な、精神的にも生理的にも良好な環境となるのです。

このような、心の持ち方はやがて赤ちゃんのお父さんとなる夫にも求められることはいうまでもありません。夫は自分では子どもを産むことはできません。子どもを育むという大変な仕事を引き受けてくださる妻に、心からなる感謝と愛情をもって、ある時は支え、ある時はやさしく励ましながら、ともに、喜びの中で誕生の日を迎えたいものです。

第二には、胎児は母親を離れては存在しえません。ということは、母親は二百八十日に及ぶ胎生期には、いうまでもなく日々胎児と共に生活している訳です。したがって、胎教という点から見れば、胎児に与える影響では母親にかなうものはありません。そこで、大切なことは、母親の生活態度や精神生活がお腹の中の赤ちゃんにとって好ましいものであるかどうかということです。

まず、最も基本的なことですが、母親の健康状態はそのまま胎児の発育に密接に関係することですから、胎児の健全な成長のためにも健康を保持し、増進することに十分留意しなければならないことはいうまでもありません。

また最近では、若い人々の中で、たばこを吸い、酒を飲むことは一種の流行となっている様子がありますが、このような習慣はお腹の中の赤ちゃんのために決して良いものではありません。なお、薬などの薬物の使用にも十分慎重であるべきです。

次は、母親の心の持ち方の問題です。赤ちゃんにとって最も望ましいお母さんの心の状態とはどんなものでしょうか。理想的には、愛情いっぱいで、いつも明るく、楽しく、伸び伸びと、喜びに溢れ、全てのものや出来事に感謝している心の状態でしょう。

でも、常にこのような心の状態を持ち続けることは難しいと思われるかもしれません。その場合、少なくともこのような心を持とうと努力し、実践することが大切です。

母親にとっての快い経験・心境はそのままお腹の赤ちゃんに感じ取られ、印象づけられると言われています。その意味では、さらに積極的に、心境の高まるような、あるいは深い愛情や美しい心に感動を覚えるような本を読んだり、優れた美術作品や音楽あるいは優れたテレビ番組や映画などを視聴することによって、深い感動や情操的高揚を経験することなども大切だと思います。さらには、豊かな自然環境の中に浸《ひた》りながら、その美しさや雄大さに驚嘆し、この上ない喜びや感動を覚えるような体験もまた素晴らしいことだと思います。

夫と胎教

以上は、母親を中心に胎教の実際を見て参りましたが、ここでも、夫の存在を忘れてはいけません。母親に良き胎教を実践してもらうためには、夫が胎教の意義を十分に理解して、全面的に協力するだけでなく、夫もまた妻と共に胎教の実践者となることが大切です。

例えば、お腹の中の赤ちゃんは、胎外の音声刺激には特に敏感で、胎内で既に母親の声を記憶しているくらいですから、妻に対して、愛深いやさしい言葉や態度で接するのみでなく、直接お腹の中の赤ちゃんに対し、お父さんとして愛情を込めた言葉かけをしてはどうでしょうか。

アメリカでは、各地でさまざまな胎児の研究がなされているようですが、中でも、スセディック夫妻の実践例（『胎児はみんな天才だ』ジツコ・スセディック著　祥伝社）は注目に値します。

妻（著者）は日本人でアメリカ人の夫と結婚し四人の女の子を育てています。ところが、平凡な両親から生まれたこの四姉妹が、いづれもＩＱ160以上の天才級の能力をもつ子どもとして育っています。

因みに、長女スーザンさんは、「胎内教育」（著者はそう呼んでいる）のおかげで生後三週間目から「オッパイ」「キレイ」「ママ」などと発語し始め、九ヵ月で単語が読めるようになったといいます。さらに、五歳で幼稚園から初級学校の九年生（日本では高校一年生に当たる）に飛び級し、また、十歳には再び飛び級してマスキング大学へ入学、十四歳で卒業してイリノイ大学大学院に入り、解剖学を専攻しているということです。他の三人の子どももそれぞれ同じように優れた個性と能力を発揮していることが報告されています。

しかし、筆者は胎教によってこのような天才児を育てることを目的とすることを推奨するつもりはありません。その可能性は認めながらも、次のようなスセディック夫人の言葉を紹介しようと思います。

《ただ、勘違いしないでいただきたいのですが、私たちは、けっして天才児を生むことを目的に胎内教育を始めたわけではありません。

子どもたちが、生まれてから、自分たちの人生をより幸せに、より有意義に過ごせるようにお腹の中にいる間にいろいろなことに興味を持ち、それを理解する能力を身につけさせたいと願ったからなのです。その結果が天才という〝称号〟につながったに過ぎません。

何度も重ねて申しますが、胎内教育するときに、けっして忘れてはならないのは、子どもへの愛情であり、子どもの幸福を願う心なのです。「天才児を産む」ことを目的に胎内教育を行えば、たぶんお腹の赤ちゃんは、せきたてられる思いがして、母親、父親の話に耳を傾けなくなるでしょう。どうぞ母親としての、あるいは父親としての真の心を見失わないで下さい。》

このように、胎教は、お腹の赤ちゃんへの深い深い愛情と尊敬、感謝の気持の発露として表出される言葉や態度が、そのまま、胎児に伝わり、赤ちゃんの中にもともと存在する伸びたい、学びたいという秘められた可能性としての本性に感応して、その善きものが引き出されることだといえましょう。

いうまでもなく、教育とは、子どもの中に本来あるもの（無限の可能性）を親たちが信じて引き出すはたらきなのです。

こうして、お腹の中の赤ちゃんには、親夫婦やその他の家族の家庭の中で、みんな仲良く、やさしく、暖かいことばや愉快な笑い声が充満する日々であることが望まれます。お腹の中の赤ちゃんは、やがてまみえるお父さんとお母さんをはじめとする家族みんなの楽しく、明るい会話を聞きながら、健やかに、伸び伸びと育ち、誕生の日を待ち望むに違いありません。

第二章　乳児期の子育て

母と子の絆《きずな》を育てる

前にも触れましたように、かつては生まれたばかりの赤ちゃん（新生児）は、まったくの無能力者であると長い間信じられていました。その間違いが一九七〇年代半ばころから始まった赤ちゃん研究によって明らかにされつつあるのです。

赤ちゃん研究の発端は、アメリカのミシガン大学の小児科医マーシャル・クラウス博士の研究にあるといわれます。

博士は小児科医として、未熟児の治療・養育に携わっているときに、未熟児たちが長い間〝未熟児集中治療室〟に入れられているため、外との接触が断たれていることが親子の愛情的な結びつきに影響を及ぼすのではないかと気付いたようです。

長い間カプセルに入れられていた未熟児は、母親・父親との結びつきがうまくいかない。一方、親の愛情もまた育たず、赤ちゃんを虐待するケースもあることを報告しています。そして、このことから、生まれた直後からの赤ちゃんと両親との接触が、母と子の愛情を育てる上でいかに重要であるかが分かってきたのです。逆に、このような親と子の接触の不足が親子の愛情の未成熟をまねき、それが多発する児童虐待の原因にもなっているのではないかといわれるのです。

誕生後三十分

今では、世界各国でさまざまな赤ちゃん研究が行われていることは前にも述べてきましたが、それらの研究の成果として、誕生後三十分から一時間ほどの間、赤ちゃんには非常に目覚めている状態があり、この時期に母親と赤ちゃんを会わせることが大切だと言われるようになってきました。

前に紹介しました映画「生命創造」でも、最初と終わりのシーンは生まれたばかりの赤ちゃんを母親が自分自身で取り上げ、赤ちゃんと出会う場面でした。

このように、生まれたばかりの赤ちゃんをその場で母親に抱かせ、会わせるという産院は、わが国でも急速に増えているようです。このような出産直後の母子の対面によって、母親は今の今まで自分の胎内にあった赤ちゃんをこの手で抱き取り、肌のぬくもりを感じながら、まじまじと自分を見つめる赤ちゃんと互いに見つめ合うなかで〝わが子〟を実感するとともに、いとしいわが子への愛情と母性が目覚めさせられるのです。そして、一方、赤ちゃんはまだ弱い視力（約０・０４）の目をあけて、初めてまみえるお母さんの目を見つめ喜びに満ちた笑顔をしっかりと脳裏に焼き付けることになるのです。

こうして、胎内から培《つちか》ってきた親子の絆《きずな》は、今この世に誕生し、お互いにこの目で見つめ合い、肌のふれ合う中で、より強固なものとなるに違いありません。

さて、赤ちゃんには、これまでにも見てきましたように、以前には、つい見過ごされていたさまざまな能力があることが明らかになりつつありますが、見いだされた能力は、いずれもこれからの子育てに多くの示唆を与えてくれるものがあるように思われます。そこで、これから赤ちゃんの注目すべき行動を紹介しながら、新生児期からの子育てについて考えてみようと思います。

まず、赤ちゃん（新生児）の視力ですが、前にも述べましたように０・０４位の弱い視力で、見える距離は約三十センチくらいの所までだといわれます。しかも赤ちゃんが最も良く注目するものは丸い黒いものだということが分かっています。では赤ちゃんに一番よく見えているものは何でしょうか。丸い目玉を持つお母さんの顔ですね。お母さんが赤ちゃんを胸に抱いて授乳をするとき、おむつを替えているとき、あるいはだっこしてあやしているときなどにお母さんの顔がよく見えているわけです。赤ちゃんは産まれたときから自然のはたらきとしてお母さんをしっかりと見るようになっているのです。不思議なことだと思いませんか。このことは、子育ての始まりは母と子の結びつき、言い換えれば母子関係の大切さにあることを示唆していると言えるのではないでしょうか。

しかし、このような母と子の大事なふれあいの時の注意として大切なことは、赤ちゃんとお母さんの目線が、しっかりと合っているかどうかということです。赤ちゃんが、お母さんの顔をしっかりと見つめようとしているときに、肝心のお母さんが他のことに心を奪われていて、うつろな目で赤ちゃんの目とは別の方向を見ているとしたら、赤ちゃんとの大事な心の交流の機会は絶たれてしまいます。このような場面が日常的であるとしたら、これはある種の発達障害につながるおそれがあるとも考えられます。

どうぞ、お母さんは赤ちゃんに接するときは、愛する、可愛い赤ちゃんに、この時とばかり、精一杯明るい表情で楽しい声かけをしながら、しっかり目線を合わせて接していただきたいと赤ちゃんに代わってお願いいたします。

母親の表情が与える影響

さて、次に「コ・アクション」という行動について紹介しましょう。

コ・アクションというのは、赤ちゃん（新生児）の模倣行動のことです。生まれたばかりの赤ちゃんが人の真似をするなど本当だろうかと思われますが、本当なのです。生後三日目の赤ちゃんと向かい合い、お母さんがしきりに赤ちゃんにベロ（舌）を出して見せるのです。何べんも何べんも根気よく繰り返す中に、赤ちゃんの口元が緊張し始め、なお繰り返していると今度は口元がもぞもぞと動き始め、ついに可愛い舌をちょこんと出すことに成功します。時間はかかりますが、赤ちゃんにはちゃんと模倣する機能が備わっているのです。

次には、お母さんの顔の表情が赤ちゃんに与える影響についての報告です。

ここでも生後三日目の赤ちゃんについて見ています。赤ちゃんの前にお母さんがニコニコ顔で向かい合います。すると、赤ちゃんにもほほえみが表れます。ここで、お母さんはいったん姿を隠し、次に現れるときは無表情な顔で赤ちゃんの前に坐ります。するとどうでしょう、赤ちゃんはむずかしい表情になり、やがてむずがり泣きをするのです。

再びお母さんは姿を隠し、また赤ちゃんの前に姿を現します。この時には、お母さんは最初と同じように笑顔で前に坐ります。すると、赤ちゃんの顔はもう嬉しそうな笑顔になっています。

ここで分かりますことは、生後三日目の新生児がお母さんの表情を読みとることができるということです。と言っても、私たちが人の表情を読みとるようなものではないでしょうが、母親が赤ちゃんと目と目を見つめ合うときには、通常、目が動き、口が動き、やさしい声かけもあって、表情が豊かです。新生児にとっては心地よい「快」の経験になるものです。ところが、無表情な顔は、人間の顔ではないのです。人らしさを感じられない見知らぬもので、赤ちゃんにとっては軽いストレスを与える「不快」な経験を持つことになることを表しています。

「啐啄同時」という言葉があります。これは、〝雛《ひな》が卵から出ようとして殻の内側から鳴くのと、母親が外側から殻をつつくのとが同時である〟（『四字熟語・成句辞典』講談社刊）というような意味の言葉ですが、子育ての要諦《ようてい》を表している大事な言葉のように思われます。

子どもを育てるということは、親（養育者）が一方的に自分の考えや行動を押しつけるものではなく、子どもの中から自然に育つ力が芽生え、親からの働きかけを待っている、その時が働きかけ（教育）の最適期であるということです。

赤ちゃんには「泣く」「見つめる」「微笑する」という生まれつき持っている行動がありま す。これらの行動が養育者の特定の行動を引き起こすのですが、例えば、赤ちゃんが自分が 泣くことによって起きる事態を繰り返し体験することによって、泣くことによってどのよう な結果が生ずるかについての未来に対する予測ができるようになるのです。

このような時期に、赤ちゃんの呼びかけに快く応じ、未来に対する明るく楽しいイメージ を持てるようにすると共に〝信頼できるお母さん（養育者）〟という心を育てたいものです。

その逆に、赤ちゃんの期待を裏切るような、不適切な働きかけばかりしていると将来に問 題を残すことにもなりかねません。

因みに、乳児が生まれつきに持っている欲求でもあり、これによって、乳児が心理的にも 身体的にも順調な発育をするために必要だとされている「マザリング」（母親行動）の内容 （普通には、主として「スキンシップ」といわれているもの）を紹介しましょう。

「乳児の顔を見る、笑いかける、あやす、話しかける、抱く、ゆする、軽くたたいて皮膚に やさしい刺激を与える、ほおずりをする、頭をなでる、おんぶする、おむつを取り替える、 風呂に入れる、乳児体操をさせる（手や足を屈伸させる）、授乳する、着替えさせる、位置 を整える、遊ぶ」などの働きかけです。

授乳

胎内での赤ちゃんは、へその緒を通じていつもお母さんとつながり栄養をいただいていました。ところが、誕生のとたんに赤ちゃんはお母さんと離れた独立の個体となり、かつてはへその緒を通じていただいていた栄養を、今度はお母さんの乳房を通じていただくことになりました。お母さんと再びつながることのできる大事な機会です。赤ちゃんはお母さんの暖かく柔らかな胸に抱かれ、胎内で慣れ親しんでいたお母さんの心臓の拍動を聞きながら、安らいだ気分で真剣に乳房に吸いつくのです。

因みに、D・モリスというイギリスの動物学者は、聖母子像のマリアの八割くらいが、幼いイエス・キリストをその左胸に抱いていることに気付いて、実際のお母さんがどちらの胸に子どもを抱いているか観察してみたところ、やはり七割以上の母親が心臓のある左胸に抱いていたというのです。その後の研究でも、二十四時間以上母子の接触がなかった場合（子どもが未熟児であったためなど）の母親と、分娩後すぐから接触できた母親の場合を比べたところ、接触がないときの母親では好みに応じた抱き方でしたが、すぐ接触できた母親の場合は、やはり左胸に抱く傾向が見られたということが見いだされています。

このように、母と子は常に大自然のはたらきの中で一体として生かされていることがよく分かります。しかも、この母乳による授乳の時は、母も子も心穏やかな最高の安らぎを覚える時間なのです。不思議なことに、母は与えることに喜びと満足を得、子どもは受けることに最高の安らぎと満足を得るのです。

このような、母乳による授乳が子どもの精神発達に大きな役割を果たすことはいうまでもありませんが、母親にとっても、暖かく柔らかい乳房に触れながら安心しきって無心に母乳を飲んでいるわが子の姿を見ることによって、母親の子どもに対する愛情もますます強まり、母性行動や養育行動を喜びを持ってやっていけるようになるのです。そして母と子の絆もますます強固なものとなっていくことはいうまでもありません。

母乳育児のすすめ

さて、このように大切な意義を持ち、大自然のはたらきそのものの現れである母乳育児ですが、いつの間にか人工乳に頼る傾向が増えています。

厚生省の資料を見ますと、昭和三五年（一九六〇）には母乳のみのものが67.8％、人工栄養

19.8%、混合栄養8.7%でした。それが昭和四五年（一九七〇）には、母乳のみのもの31.7%、人工栄養26.3%、混合栄養42.0%と、母乳のみのものは36%も減少し、人工栄養のみの授乳が6%増えるとともに、混合栄養のものは33%も増加しています。

その後、一九七〇年代に入って、後で紹介しますように、世界的に母乳栄養の良さが見直され、わが国でも厚生省を中心とした母乳推進運動（一九七五）が広がって、昭和六〇年（一九八五）には母乳のみのもの49.5%、人工栄養9.1%、混合栄養41.4%と人工栄養のみのものが激減し、混合栄養のものがやや増加するとともに母乳育児が50%近くまで18%も増加しており、母乳栄養の良さが見直されているようすが見られますものの、まだまだという感じがします。

このような傾向は現在も余り変わりがないのではないかと考えられますが、一方で、最近の働く女性の増加傾向など、社会情勢の変化からすると混合栄養の状況の方が優勢になっているのも納得できるようにも思います。

しかし、何といっても子どもの成長発達にとって、天与の賜《たまもの》である母乳が最高のものであることには変わりありません。母乳は極めて清潔で、無菌の状態で分泌されますし、栄養の配分が適正で消化・吸収しやすく、しかも、その中に含まれる免疫物質、抗菌物質などによって病気（感染症）にかかりにくく、かかっても軽くてすむのです。また異種たんぱくを含まないので最近特に問題とされているアレルギーにもなりにくい特性を備えています。

ところで、現在はバイオテクノロジーなど科学技術が極度に発達している時代ですが、いかに努力して母乳に代わるものを作ろうとしても、母乳に近い良いものが開発されたとしても、前に述べたような優れた母乳の栄養成分すべてを満たす人工乳を作ることはできないのです。

人工乳の流行

このように、母乳育児が大切であるにもかかわらず、母乳だけで子どもを育てようとする母親が増えてこないのはどうしてでしょうか、いくつかの理由が考えられます。

その第一は、乳房に対する考え方が昭和三十年代以降大いに変わってしまったことがあげられます。それまで、わが国の母親たちは家庭のなかではもちろんのこと、仮に大勢の人がいる電車の中でも、誰はばかることなく胸を開けて乳房を出し、赤ちゃんに乳を飲ませていました。これは、それまでのわが国の生活習慣としては別に不思議なことでも恥ずかしいことでもありませんでした。周囲の人々も当たり前の、むしろほほえましい出来事として気にも止めなかったことなのです。

ところが、時の経過とともに国際化が進んで、欧米文化の強い影響を受けるようになりました。その結果、映画やテレビなど、映像的なマスメディアの日常的な影響の中で、いつしか乳房を〝性のシンボル〟として見る欧米流の考え方が浸透し、乳房を露出することは女性として恥ずかしいことという考えが社会的な風潮となりました。そして、女性は日常的にも乳房を隠すブラジャーを着けることが当たり前になり、一方で、人前で胸を開けて授乳することを避けるようになってきたわけです。

さらにまた、母乳を飲ませると乳房の形がくずれ、性のシンボルとしての女性的魅力が損なわれるという考えも広がって、乳房の魅力を損なう母乳育児をしないで人工乳によって育児をする方がよいのだと考える女性が多くなってきたこともあります。

第二には、母乳を飲ませるためにはさまざまな努力をせねばなりません。最初の子どもの場合、お母さんも初めて、子どもも初めての経験で、なかなか思うようにうまく飲んでくれない。乳房の手入れも大変で苦痛もともなうこともある。そういうときに、一方で、関係業者の努力もあって、より母乳に近い人工乳が開発され、テレビをはじめとするマスコミを通じて、競ってその良さを宣伝したのです。その中に、人工乳の方が母乳よりも優れているという印象さえもつようになって、母乳育児でこんな大変な努力や苦痛を味わうより、人工乳で育てる方が楽でよいというように考える人も多くなってきたのです。

第三は、女性の社会進出が進んで、職業を持つ女性が多くなっていることです。男女雇用機会均等法や育児・介護休業法などの制定によって、子育てのための環境は以前とは違ってずいぶん変わってまいりました。しかし、育児休暇を使って十分に子育てに専念できればいいのですが、働く女性の職場によっては育児休暇さえ十分には取れない状況もあって母乳育児をしたくてもできないという場合もあります。

例えば、共働きでやっと家計を支えている家庭の場合や母子家庭で、母親が一人で生計を担っている場合など、母親の職場はパート・タイマーがほとんどです。この場合は、育児・介護休業法の適用は受けられません。その第二条第一項に育児休業をとれるのは、〝労働者（日々雇用されるもの及び期間を定めて雇用されるものを除く）〟とあり、パート・タイマーや期間就労者は適用除外となっているからです。このような家庭では、まだ母乳による授乳が必要であるにもかかわらず、子どもを保育所（者）に預けたり、おばあちゃんやおじいちゃんなどに預けて働いている例が多いようです。このような場合は、どうしても人工乳の助けを借りねばなりません。しかし、この場合でもなんとか工夫と努力によって、人工乳の助けを借りながら、母乳育児の時間をできるだけ多く確保できないものだろうかと思います。

こういいながら、現在気になることがあります。それは、夫の収入でなんとか母乳育児をやっていける状態であるにもかかわらず、家計をより豊かにしたいとか、自分の自由になるお金が欲しいなどの理由で仕事を優先する、あるいは、子育ては大変だしそれに束縛されるのはいやだというような理由で、乳児期の母と子の関わりを一番大切にしなければならない時期にもかかわらず、子どもを保育所（者）や祖父母などに預けてはたらきに出る母親もあります。また、仕事が自分の生き甲斐であるという考えから、当然のことのように子育てを他人任せにする母親もあります。

中には、母親の私が育てるよりも子育ての専門家である保育所の保母さんに任せる方が、子どもが良く育つだろうと考える人もあるのです。とんでもない考え違いです。乳児期の子育てでお母さんに勝る養育者はありません。

今、母親（父親も）は、子育てについての自分の考えがこれでよいのかどうかについて、静かに見つめ、反省していただく必要があるのではないかと思います。そして、もし仮に、子どものことよりも自分自身の欲求を優先していたり、余りにも自分本位の考えになっているようだと思われたならば、思い切ってそのような考えを捨て、子ども中心、子育て重視の立場に立ち返っていただきたいと思います。そして、授かった子どもの子育てに誠心誠意、愛情と熱意を注がれることをお奨めします。こうして育った子どもは、きっと将来、人格の根底に人に対する愛情と信頼をもち、しかも自信に満ち、物怖《ものお》じしない素晴らしい青年として成長するでしょう。

母乳育児をすすめるＷＨＯ

因みに、ＷＨＯ（世界保健機関）とユニセフ（国連児童基金）が一九七四年（昭和四九年）以降、人工乳の世界的普及にともなって生じたさまざまな弊害《へいがい》に着目して、母乳育児を推進してきた動きについて紹介しましょう。

一九七四年　ＷＨＯ…すべての加盟国に「粉ミルクの販売活動状況を検討し適切な措置を講じる」ことを要請。

一九七五年　ＷＨＯ決議を受けての日本での母乳推進運動（三箇条運動）
ｉ　出生後一・五ヵ月までは母乳のみで育てよう。
ⅱ　三ヵ月までは、できるだけ母乳のみで頑張ろう。
ⅲ　四ヵ月以降でも、安易にミルクに切り替えないで育てよう。
同年一〇月　ＷＨＯ総会…「加盟国は乳幼児の栄養不良をなくすために、母乳運動を促進し粉ミルクの奨励や販売を規制する」提言
一九七九年　ＷＨＯ／ユニセフ…乳幼児の健康と改善についての提言。
「唯一の自然な育児方法は母乳によるものであり、すべての国はこの方法を積極的に奨励しなければならない。また母乳育児を後退させないためには、母乳代替品の販売に関する国際的基準を設定する必要がある」
一九八一年　ＷＨＯ総会…「母乳代替品の市販に関する国際的基準」の採択。
一九八二年　日本…栄養改善法改正により乳児用調製粉乳缶に次の記載が義務付けられる。
ｉ「乳児にとって、母乳が最良である」
ⅱ「医師、栄養士などの相談指導を得て使用することが適当」
一九八九年　ＷＨＯ／ユニセフ…共同声明「母乳育児の奨励促進および支援―産科施設の

担うべき役割」

「母乳育児成功のための一〇ヵ条」を発表。（母乳育児のために、産科施設とそこで働く職員が実行すべきことを示したもの）

i 母乳育児の方針をすべての医療従事者に文書で周知させる。

ii すべての医療従事者に、この方針を履行するための必要な知識と技術を習得してもらう。

iii すべての妊婦さんに母乳育児の利点と実際をよく知ってもらう。

iv お母さんが分娩後三十分以内に母乳育児を開始できるよう援助する。

v お母さんに十分な授乳指導を行い、もし子どもが離れて収容される場合でも、母乳分泌を維持する方法を母親に示す。

vi 医学的に必要でないかぎり、新生児には母乳以外の栄養や水分を与えないようにする。

vii お母さんと赤ちゃんが二十四時間一緒にいられるようにする。

viii 赤ちゃんが欲しがるときは、欲しがるままの授乳をすすめる。

ix 母乳育児の赤ちゃんには、ゴム乳首やおしゃぶりを与えない。

x　母乳育児を支援する団体を育成し、退院していくお母さんにふさわしい団体を紹
　介する。

この後にも、一九八九年の国連総会で「子どもの権利に関する条約」の採択、一九九一年の八月一日を「世界母乳の日」とし、その後の一週間を「世界母乳週間」と決めるなど、関連する大事な決議が続きますが省略します。

このように、今、世界中が母乳育児の重大さに気付き、取り組んでいる状況がお分かりいただけたと思います。

私たちの愛する国日本の、二十一世紀を担っていく心身ともに健全な子ども達を育てるために、是非ともお母さんの暖かい胸に可愛い赤ちゃんを抱いて、大自然の恵みである母乳を与えながら、楽しく、母子のより強い絆を育てようではありませんか。また、一方で、全ての母親が、安心してこのような母乳育児やそれに近い育児法で子育てができるように、さまざまな社会的な育児環境や条件を、国を挙げて整えていく必要を痛感いたします。

愛情が子どもを育てる

子どもの成長の中で、乳幼児期はそれ以降の時期に比べて、あらゆる面で比較にならないくらい急激な発達を遂げますが、中でも乳児期の発達はさらにめざましいものがあります。例えば、からだの一般的な成長を見ますと、生まれたばかりの赤ちゃんの身長は約五十センチメートル、体重は約三キログラムですが、十二ヵ月後には、身長は約七十四センチメートルに成長し、新生児期とくらべると二十センチメートル以上もの伸びを示します。また、体重は誕生直後のなんと三倍、約九キログラムにもなるのです。

運動機能の面では、新生児の頃は「でたらめ運動」のような運動は見られるものの、自分の意志でからだを動かすことはできません。からだを動かすことはすべてお母さん任せの状態です。これが生後一ヵ月になりますと、体を起こしたときに、頭を真っ直ぐに保てるようになり、二ヵ月くらいになると腹ばいで頭を上げられるように、そして、三ヵ月くらいでは頭を上げ、肩を上げることができるようになります。この時期に「首がすわる」ようになるのです。四ヵ月では、手のひらに触れたものをつかんだり、脚をつっぱって膝《ひざ》の上に立ったりもできるようになります。そして、五ヵ月になる頃には、見たものを自分から手でつかもうとする行動も現れます。さらに、六ヵ月くらいで寝返りが楽にできるようになり、七ヵ月ころでは一人でエンコ（幼児語…尻をつき、足を投げ出してすわること）ができるようになるのです。そして、ハイハイをするとともにつかまり立ちができるようになるのは八、九ヵ月ころです。またこの頃に親指と人差し指を使って小さいものをつまんだりといった指先の巧《たく》みさも見られるようになります。十、十一ヵ月には、物につかまって立ち上がり、あるいは自力で坐ったり立ったりもすることができるようになります。また、飲み物をコップで飲んだり、固い食べ物でも噛んで食べられるようになってきます。そして、食べ物をまき散らかしたりはしますが、自分で食べることに満足し、楽しんでいる様子も見られるようになるのです。さらに一歳をこえるころに、多くの子どもは歩けるようになり、日を重ねるごとに足取りがしっかりしてきて、二歳になるころには転ばないで走れるようになります。いよいよ赤ちゃん時代の卒業

です。

このように自分の意志で自由に歩行することができるようになるということは、それまでの、生活のすべてを母親や養育者に依存していた状態から脱して、徐々に自立への生活に向かうことを意味します。そして、このことは、以後のこころの世界の発達にも大きな影響を与えることになるのです。

さて、これまでは赤ちゃんのからだの成長と運動機能の発達について、そのおおよそを見てきましたが、一人一人の子どもの発達にはかなりの個人差があり、一様でないことをつけ加えておかねばなりません。むしろ、ここで分かっていただきたかったことは、生後一年有余という短期間に赤ちゃんがいかに驚くべき急成長を遂《と》げるものであるかということを改めて理解していただきたいのです。そして、いうまでもないことですが、乳児期の赤ちゃんの素晴らしい発達の奥には、いつもいのちの授け主である大いなるもののはたらきがあって、そのいのちの導き（法則）にしたがって成長をとげてきたものであることを思い起こしていただきたいのです。

また、いとしいわが子を授かった親は、大いなるものの尊いいのちを生きるこの子どもを、母親のみのもつ深い愛情をもって、立派にはぐくみ育てていく役割と責任を与えられているのです。したがって、親（養育者）は、子どもが日々急速に成長していく姿を、楽しく見守りながら、その成長を支え、うながすために、授乳から離乳にいたるまで、その時期に応じた適切な哺育《ほいく》を心がけ、努力していくことが求められます。

この場合、赤ちゃんの哺育に当たる最適任者はやっぱりお母さんではないでしょうか。

最も大切なことを

今から二千五百年ほど前のお話です。中国に孔子《こうし》という有名な儒学者がいました。ある時、孔子が諸国巡歴の旅から帰国し、太守《たいしゅ》の哀公《あいこう》のもとに旅で得たさまざまのお話をするために挨拶にまいりました。哀公の方でも孔子の旅の疲れを慰めようと思われて、「先生のお留守中に、隣の国に転任していった家来がありました。ところがこの家来がたいへんなあわて者で、最愛の女房を置き忘れ、途中で気がついて戻ってきたのです」と笑い話のつもりで話しました。ところが、孔子はにこりともしないで、威儀を正し、言葉静かに、「妻を置き忘れても必ず思い出すからよろしいでしょう。しかし、一番大切な自分をどこかへ置き忘れて、忘れっぱなしにしている人が多いのが、今のわが国のすがたではないでしょうか」と、それとなく戒《いまし》められたといわれています。

さて、この孔子の戒めは、そのまま現在の人々への戒めといえるのではないでしょうか。多くの人々はさまざまな快楽的欲求を追い求めることに熱心で、自分自身の生き様を見つめ直すことを忘れ、最も大切ないのちの尊さ（生かされている自分）さえも思ういとまもなく、浮き草のように日々の生活に忙殺され、埋没しているのではないでしょうか。

考えてみれば、現在、わが国の社会全体が孔子の警告された〝心を亡くした〟状態であることを思い知らされます。

さらに、今ここで問題としている子育てについても、孔子の指摘がそのまま当てはまるのではないでしょうか。乳児期の赤ちゃんにとってお母さんの存在が一番大切な時期であるにもかかわらずそれに気づかず、この時期にこそ赤ちゃんの心の中に育てておかなければならない、かけがえのないもののあることをそれも忘れるという、たいへんな社会状況です。

子育てはやり直しがききません。子どもの素晴らしい未来のために、今、その時期に育てるべきことは、今、育てておかねばなりません。

かつて筆者が、大分県の委嘱でテレビ出演や講演や家庭教育指導資料の執筆などの仕事にたずさわっていたときのことです。ことあるごとに、子育ては三歳くらいまでは、できるだけ、母親が責任をもってあたることが大切で、それが無理なら、少なくとも乳児期だけでも、授乳のための乳房を与えられ、赤ちゃんにとってもっとも慕わしいお母さんが子育てに専念することが自然なすがたであり、大切なことなのですと訴えていました。

ところが、その時の家庭教育担当の女性職員が「私たちのような働く女性はそのように言われる度につらい思いをするのです。子育てに自分（母親）が関わることの大事さは十分わかっていながらも、仕事を持っている以上、簡単に休めるほど仕事の現場は生やさしいものではありません。また、先生のおっしゃっていることは、〝女性は家庭に帰れ〟と言われているような気がしてなりません。今のように女性の社会進出が当たり前になっている現状の中では、そのことを余り強調しない方がよいのではないでしょうか」と言われたことがありました。

その時、筆者は「おっしゃる気持はよく分かります。働く女性（母親）の立場からすれば、母親が働いていて直接子育てに関われなくても、それを代替する保育所などの施設を整備・充実して子育てを支援することの必要を強調する方が現実的なのかもしれません。でも、〝子育ての自然〟という観点からみますと、母親が自分で子育てにたずさわることが最善の〝子育て環境〟であることに変わりありません。なお、最近の小児医学や心理学の研究の結果からみても、乳幼児期の子どもの健全な発達にとって、母子関係のあり方が非常に重要だということが分かってきていますので、このことは、これからも強く訴えていかなければならないことなのだと思っています。強いていえば、働く女性が育児のために休暇を十分に取れ、安心して育児に専念できる環境を整備することの重要さについて、社会全体が今、緊急に解決を求められている最重要課題であることに気づき、その実現にむけて早急に対策を講ずべきことを強く訴えていくことが大切かもしれません」と答えました。

現在では、若い夫婦のみのいわゆる核家族がほとんどで、しかも夫婦共働きが当たり前のような状況です。ここで言っているようなことは、多くの人々には単なる理想論と思われるかもしれません。しかし、前にも述べてきましたように、今の子ども達にみられるさまざまな問題行動の奥にあるものが、今、問題としている乳幼児期の子育てに遠因があるとしたら、これから育っていく子どものためにも、さらには、将来の日本のためにもこれを見過ごしていくことは出来ないのではないでしょうか。

女性の社会進出がますます盛んになっていくことが予想される現在、すべての母親が乳幼児期の子育ての重要さについて、もっともっと目覚めていただきたいことと、母親が安心して子育てできる社会システムを早急に作らねばならないことが痛感されます。

サイレントベビー

さて、乳児期の子育てにお母さんが責任を持って当たることが、子どもの成長・発達にとってたいへん大事なんだということをくりかえし述べてきたのですが、ここではその理由をこころの発達の面からもう少し詳しくみてまいりましょう。

最近の赤ちゃんに見られる困った状態に対して名づけられた「サイレントベビー」ということばがあります。これは外国から来たことばではなく、山口県小郡町の小児科医である柳沢慧《さとし》氏が名づけたものなのです。それは、近頃、赤ちゃん達の中に、目の輝きや表情に乏しく、あやしても笑わなかったり、あまり泣かないという症状をもつ赤ちゃんが増加していること、しかもこの症状が、将来的に精神的に未成熟のまま育つ危険性があるということからこのように名づけられたものです。

そこで、もう少し具体的に理解するために、このサイレントベビーの症状と治療について書かれている、国立京都病院医長の石田勝正氏の『抱かれる子どもはよい子に育つ』（PHP研究所刊）の内容を引用・要約しながらみることにします。

《私の外来に訪れる赤ちゃんのうち十人に一人が、母親の目を見て笑うよりも蛍光灯をじっと見つめている方が好きな、無表情の赤ちゃんです。

生まれたばかりの赤ちゃんは、この世に生まれて不安がいっぱいです。だから抱いて欲しいと泣き叫ぶのです。しかし、どんなに泣いても、誰も一向に抱いて助けてくれないと、赤ちゃんはあきらめて黙ってしまいます。そして蛍光灯が不安を取りのぞく唯一の救いになってしまうのです。母親の目や声の代わりに、蛍光灯を選んでかかわり合うだけの脳の働きになってしまうのです。

泣き叫んでいる間は、母親を求めるパワーがまだあります。抱くことによって赤ちゃんのこころを救出することが出来ます。しかし、あきらめてだまってしまうと、将来、困難な心の問題が起こります。だからサイレントベビーを放置すると後が怖いのです。

サイレントベビーを発見するのはむずかしいことではありません。赤ちゃんの視線を二〜三分真剣に観察し、お母さんがあやす声に反応するかどうかや、お母さんの目を見て笑うかどうかを見れば分かることです。

サイレントベビーの親は、赤ちゃんとはこんなものだ、と思っていることがほとんどです。生後二ヵ月では、まだ目がよく見えていないから光の方ばかり見ている、と思っている母親も何人かいました。しかし、最初からよく抱いて育てた、同じ月齢の赤ちゃんを見てもらうと、抱かなかったことの誤りに、すぐ気づきます。

私はサイレントベビーを今までに百例は診療しましたが、生後六ヵ月まででしたら二〜三ヵ月よく抱いてあげることで、急速に全例回復しました。そして母親も母性的な笑みが回復して、幸せな母子関係が再び築かれるのは、とても興味深いことでした。》

と書かれ、母親が子どもをよく抱くことの大切さを強く訴えておられます。

そして、抱いて育てることによって赤ちゃんの心にどのような影響があるかについて次のように言っておられます。

《赤ちゃんは「母親に抱かれている自分」「母乳を吸って母親と深くかかわり合っている自分」として、自分の存在に対する自信を持ちはじめねば、そのあと自分の独立した生命をまっとうしにくくなります。赤ちゃんをきちんと抱いてあげないと、どうしても自分の存在に自信の少ない心に育ってしまいます。このような自分の存在に対する自信のことは、「存在感」といえば分かっていただけると思うのです》と書かれています。

このように、お母さんと赤ちゃんとの心の交流は、前にも述べてきたことですが、母乳育児や優しい心でなされる肌を通じての交流によってのみなされるものであることが確認されます。

現在、このサイレントベビーに対して、よく抱くことの大切さがいわれる一方で、赤ちゃんが泣けば、そのたびに抱いてやるという対応は、赤ちゃんに〝抱きぐせ〟をつけることになるので全面的には認めがたいとする意見もあります。けれども、もの言えぬ赤ちゃんが唯一の交信手段として、泣くという行動で、お母さんに助けを求めるときに、これに応えて、まず抱っこするということは、もっとも〝自然〟な養育行動ではないでしょうか。

抱きぐせ

そこで、改めて〝抱きぐせ〟の問題に焦点を当ててみましょう。サイレントベビーは泣くことを忘れた子どもであり、人に関心を持てなくなった赤ん坊ですが、普通に育っている子どもはよく泣くものです。これはうれしいことなのです。

赤ちゃんが泣くとき、子どもの泣くという行動の奥には、さまざまな動機（欲求）があります。〝抱きぐせ〟が問題にされるのは、この動機の違いを無視して、泣けば抱いてやるということが、人格形成上の思わぬ落とし穴になりかねないということなのです。

赤ちゃんが泣くときの泣き方には、その動機の違い、たとえば、お乳が飲みたいとき、眠くなったとき、おむつが濡れて気持が悪いとき、お腹などの痛いときなどなどでそれぞれ泣き方に違いがあります。中には、して欲しいことがしてもらえず癇癪《かんしゃく》を起こして泣くこともあります。これらの泣き方の違いを考えず、無差別に抱いてやることには問題があるということです。要するに、抱いてやっていい時と良くない時があり、その場その場で適切に対応していかなければならないと言うことなのです。

このことについて、「生命の実相哲学」の立場から生長の家の創始者谷口雅春先生は、『光明道中記』（日本教文社発行）に、緻密な観察を元にその対応について次のように述べられています。

《最初に生まれた子供がどんなに可愛いからとて、その愛に溺《おぼ》れて、無闇《むやみ》に抱きかかえたり、頬《ほお》ずりしたりして、折角《せっかく》安静に眠っている赤ん坊の神経を掻《か》き乱してはならない。（中略）赤ん坊はお乳を飲みたい朱鷺にも泣くし、眠いときにも泣く。お乳を飲みたい時には、唇の表情がお乳を飲む時の恰好《かっこう》に幾分顫動《せんどう》（ふるえ動くこと）せしめながら泣くものである。眠いときには瞼《まぶた》を半ば閉じて眼の表情を眠そうにして泣く。突然火のつくように泣くのは、どこか急に痛みか痒《かゆ》みが出て来たときである。針が身体に刺さっていないか、虫が螫《さ》していないか調べて見る必要がある。お腹が急に痛む場合にも急激に泣く。その場合、生後一ヵ月以上の赤ん坊なら涙が出るのが普通である。同じように急激に泣いても、癇癪《かんしゃく》泣きの場合には涙は出ないで足を踏んばらせたり、手を憤《いきどお》ったように頑張らせたりして泣く。（中略）表情をよく観察しておれば容易に何の感情で泣くのか判るものである。癇癪泣きの時に愛慰《あや》すような習慣を附けてはならない。抱いては一層可《い》けない。癇癪立てて泣きさえすれば何事でも叶《かな》うのだと云うような我儘《わがまま》な習慣は、泣きさえすれば抱いたり乳を飲ませたりする母親が最初に子供に養成したのである。何でも最初が肝心である。嬰児《あかんぼ》だから何も分らないと思うのは間違である。最初の我儘《まま》の習慣は大抵生れて十五日以内に附くものである。》(同書八十一～二頁)

《最初の教育は、赤ん坊が善き態度をとったら、良き感触を与えられると云う経験を通して行われるのである。赤ん坊が悪しき態度を示したときに良き感触が与えられるならば、その赤ん坊は悪しき態度のみを示すようになるであろう。

泣いたときに抱いて優遇したならば、その赤ん坊は泣いたら優遇されると知って泣き虫に育つのである。癇癪を起したときに優遇されるならば、自分の要求をきいて貰えない時に、いつでも往来の真中で大の字に寝そべって泣きわめいて、親を困らす子供になるだろう。

泣かぬ子に自分の児《こ》を育てようと思うならば、赤ん坊が泣く時にはそれが痛みの表情でない限り、無関心で放置する習慣をつけるべきである。そして赤ん坊がにこやかに機嫌の好《よ》い時こそ、お乳をやり、又時には抱いてやっても好い。泣いている時に「おお、そうかそうか」と言って如何にも可愛気《かわいげ》に愛慰《あや》すならば、泣きさえすれば愛撫《あいぶ》してくれるものだと赤ん坊は思い違いするであろう。癇癪を立てている時に機嫌をとるために愛撫するならば、赤ん坊は愛撫して貰いたくなると癇癪を立てるであろう。》（同書八十三頁）

以上に見られるように赤ちゃんは、お母さんをはじめ養育者からの働きかけを感覚的に、快、不快の感情で経験的に学習していくものです。十分な愛情表現は大切ですが又一方で智慧の眼《まなこ》が必要なのです。

大切な母子相互作用

乳児期は、いわゆる赤ちゃん時代で、子どもは二十四時間母親をはじめとする養育者に、すべてを依存し、保護されることによって生活しています。

したがって、赤ちゃんの立場からすればいつも自分を保護して世話をしてくれる、安心して依存できる人を求めているのです。そうしないと生きていけないのです。

そして、このように自分がすべてを安心して任せられる人の存在の有無が将来たいへんな意味を持つことになるのです。

前に、胎児や新生児のころの赤ちゃんの様子を見てまいりました。その時に、一見無能力に見える赤ちゃんが、実はさまざまな驚くべき能力の持ち主だったのだということがわかりました。しかも、その頃の赤ちゃんの能力は、赤ちゃん自身も知らないうちに表れる反応や行動で、いわば大自然のはたらきが赤ちゃんにそうさせるはたらき（本能的なはたらき）でした。そして、このはたらきは、お母さんやその他の養育者の働きかけによって現れる行動や反応でした。また一方、お母さんや養育者の働きかけも赤ちゃんに誘発されるもので、これが母親の養育行動となるのです。このように、赤ちゃんとお母さんは相互に働きかけながら生活しており、これを心理学では母子相互作用と呼んでいます。

先ほどのサイレントベビーの出現も、赤ちゃんの〝泣く〟という呼びかけに、お母さん（養育者）が〝抱っこする〟という赤ちゃんの要求に応じるはたらきかけを怠り、それが度重なった結果、赤ちゃんが〝お母さんは自分のことなんかどうなってもいいんだ〟と、無意識の世界で思いこみ、泣いて呼びかけることをあきらめてしまい、サイレントベビー誕生となったわけだったのです。

ここで考えていただきたいことは、この母子相互作用のあり方によって、赤ちゃんのこころの中に養われるものに、どのような違いが生じるかということです。

ここに、生後二ヵ月の赤ちゃんがいるとします。この赤ちゃんが夜中の三時に目をさまして泣きはじめました。お母さんが泣き声に目をさまして「どうしたの、お腹が空いたの」とやさしく声をかけながらオッパイを口に含ませてあげました。赤ちゃんはお母さんの腕に抱かれ、愛情に満ちたまなざしに見つめられて、お乳を一杯飲んで満足げです。真夜中に起こされたにもかかわらず、お母さんは「あなたの顔が見られてうれしいわ」と赤ちゃんに語りかけました。こうしてお母さんの愛情に包まれて満足した赤ちゃんは、安心して再び眠りの世界へ戻ることができました。

また別の家庭に、生後二ヵ月の赤ちゃんがいました。この赤ちゃんが同じように夜中に目をさまして泣き声をあげました。すると、一時間ほど前に夫と口論した末にやっと眠りについたばかりの母親が、その激しい泣き声で目をさましました。日頃から怒りっぽいこの母親は、いきなり荒々しく赤ちゃんを抱き上げ「だまりなさい！　いいかげんにしてよ、まったく。ほら、泣きやむのよ！」とはげしくゆすりました。瞬間、赤ちゃんは身を固くしました。母親は赤ちゃんに乳を含ませながら、石のような表情で前方を見すえて、さっきの夫との口論のことを思い出しました。考えているうちにまた腹が立ってくるのです。赤ちゃんには母親のただならぬ怒りの感じがつたわります。赤ちゃんは身をよじったり固くしたりして、とうとう乳を吸うのをやめてしまいました。母親は「もういいんだね。じゃ、早く寝なさいっ！」と乱暴に赤ちゃんをベッドに寝かせ、離れていってしまいました。赤ちゃんは泣き疲れて眠りました。

このような二つの家庭の母と子のかかわりをどう思いますか。恐らくこの二つの家庭での出来事は、一度だけのことでなく、日々同じようなことがくり返されているのではないでしょうか。恐らく、この二つの家庭の母親と乳児との間の結びつきの内容はまったく異なるものになるに違いありません。

最初の赤ちゃんは、お母さんは、今自分がして欲しいことに気づいて、どんなときにもすぐ手をさしのべ助けてくれるのだと信じるようになり、母親に対するしっかりした信頼感をもつとともに、いつでも援助を得ることのできる自分の能力に自信を抱くようになるでしょう。

一方、後の方の赤ちゃんは、お母さんをはじめ誰も自分のことなど気にはかけてくれないのだ。他人《ひと》は当てにはならない。慰めてもらおうとしても失望するだけ。自分には人に助けてもらう能力なんかないんだ、と思いこまされることになることでしょう。

もちろん、どの赤ちゃんもこの二つの極端な事例の経験を少しずつ味わって育っていくのです。ただ、親がこの二つのケースのどちらにより近い育て方をするかによって、赤ちゃんが親に対してもつ感情的なつながりの内容が違ってくるのです。そして、ここで身につけるものが、子どもがこれから接していく、周囲の世界に対する安心感や自分の能力に対する自信、さらに、他人に対する信頼感など、これからの人生を生きていくための大切な心のはたらきと大きく関係しているといえるでしょう。

アメリカの有名な心理学者エリック・エリクソン博士は、〇歳のころにきちんと育てておかなければならないものとして、好ましい母と子のかかわりの中で生まれる好ましい感情的なつながりを「基本的信頼感」と呼び、好ましくない感情的つながりを「基本的不信感」と呼んでいます。前に紹介した石田勝正博士のいわれていた《赤ちゃんは「母親に抱かれている自分」「母乳を吸って母親と深くかかわり合っている自分」として、自分の存在に対する自信を持ちはじめねば、そのあと自分の独立した生命をまっとうしにくくなります。赤ちゃんをきちんと抱いてあげないと、どうしても自分の存在に自信の少ない心に育ってしまいます。このような自分の存在に対する自信のことは、「存在感」といえば分かっていただけると思うのです》といわれた意味もよく理解できるのではないでしょうか。

愛着の心

さて、これまで母と子の好ましいかかわりの中で育つものとして、子どもがこれから成長するにつれて、徐々に広がっていく人と人との社会的な交わりの中で、大きな役割を果たすといわれる「基本的信頼感」「存在感」についてみてまいりました。

ところが、乳児期の母と子のかかわり、言いかえれば母子関係の中で育つものに、愛情という情緒でしっかりと結びつく、心のきずなあるいは愛情のきずなと呼んだらいいような、目に見えない〝愛着〟といわれる大切のものがあります。

赤ちゃんが最初に好きになる他人《ひと》は、ほとんどの場合、お母さん（母親）です。母親は、ごく一部の例外を除いて、赤ちゃんの最初の愛着の対象となる人なのです。しかも、この乳児期に形成された母親への愛着は、その後も永遠に維持されるものとされています。

幼児期の子どもはもちろんのこと、小学生になっても、子どもは、学校や外から帰ってきたときなどに、そこに父親あるいは祖父母などの家族がいたとしても、子どもが思わず口にする最初のことばは「お母さんは？」ということばではないでしょうか。このような経験は、ほとんどの皆さんが子ども時代に、記憶として身に覚えのあることだと思います。歌謡曲の世界でも、「母」「おふくろ」「かあさん」などの曲目のものがたくさん歌われていることからみても、幾つになっても、母親に対する愛情がいかに強烈に印象づけられているものであるかをうかがい知ることができます。これは父親である男性にとってはどうすることもできないことですが、もしも子どもに母親に対する愛着の心がしっかりと育っているなと思われたなら、焼き餅を焼くことなく、むしろそのことを大いに喜び、祝福してやらなければならないと思います。

かといって、父親やその他の家族との間に愛着の感情は育たないかというとそうではありません。ただ、お母さんと赤ちゃんとの愛着は、お腹の中からのつきあいで、誕生後も授乳をはじめおむつの交換などさまざまな養育行動で、ほとんど毎日全力を注いでいるのですから、その接触の度合いは比較にはなりません。しかし、このようなお母さんの行き届いたお世話も、実は、お父さんやその他の家族の暖かい励ましや援助なしではなしえないことなのです。(最近の幼児虐待の原因の中に、母親の「孤立」がもとになっているものが、かなりの数に上ることからも言えることです)。赤ちゃんには、大好きなお母さんを常に助けてくれ、いつも明るく、楽しく会話しているお父さんやその他の家族の声や姿が、いつとはなしに脳裏に強く印象づけられていることでしょうし、時に応じて抱っこしたり、遊んでくれたりしてくれるお父さんには、お母さんとはまた別の、異なる心地よさがあることに無意識的に気づいてもいるはずです。いいかえれば、一緒に生活しているお父さんやその他の家族に対しては、お母さんに対する愛着とは質の異なる、近親者のみに持てる安心感や愛情の結びつき（愛着）が育っているのです。

赤ちゃんが両親に対して示す表情の違いをみた研究によりますと、お母さんに対しては眠いような安心した表情をし、お父さんに対しては目を見開き活動を求めるような表情をするという報告もあります。大自然のはたらきとして赤ちゃんの中に、母親の役割と父親の役割として求めるものの違いが、本能的にインプット（入力）されているもののようです。そして今後、子どもが成長するにつれて、子育ての過程に果たす父と母の役割の違いがたいへん大事なことになってまいります。

人見知り

生後三ヵ月くらいまでの赤ちゃんは、自分と日夜深くかかわっているお母さんの声を聞き分けるようなはたらきは別として、おおよその傾向としては、親しい人と親しくない人を見分けることはほとんどできません。したがって、赤ちゃんに誰がはたらきかけをしても同じように反応します。

ところが三ヵ月を過ぎたころから、赤ちゃんは、お母さんをはじめ、お父さんやその他の家族など、いつも生活を共にしている親しい人が一緒にいるときには、満足そうに微笑や喜びの表情をみせますが、その人がそばを離れようとすると悲しい様子を見せるようになります。しかし、見知らぬ人にはこのような愛着のようすを示しません。赤ちゃんが身近な人とそうでない人を区別する能力が育っているということです。いいかえれば、赤ちゃんが、愛情を感じ親しく思っている人、いざというときに助けてくれると信じている人と、親しみのない他人を見分けられるようになりつつあるということです。

そして、七、八ヵ月くらいになるころ、赤ちゃんは、母親が顔をのぞかせると微笑し、喜ぶ姿を示すのですが、見知らぬ人が声をかけたり、近寄ったりすると、不安なようすを示し、顔をそむけたり泣き出したりするようになります。これは、赤ちゃんにとって見知らぬ顔は、子どもに不安を起こさせ、恐れさえ起こさせるからで、自分自身では自分の身を守ることのできない赤ちゃんが、母親などに保護を求めるシグナル（信号）で、自然が赤ちゃんに与えた本能的はたらきだといえます。これが「人見知り」といわれるもので、この傾向は〇歳の終わりころに頂点に達し、その後は次第に減退することになります。

しかし、すべての子どもが人見知りを示すわけではなく、また人見知りの期間も子どもによって違いがあります。これは、生後六ヵ月くらいまでの間に、例えばその赤ちゃんのいる家庭に、頻繁《ひんぱん》に人の出入りがあり、それらの親以外のおとなにしょっちゅう話しかけられたり、さわられたり、抱かれたり、あるいは一緒に遊んでもらったりするなどの機会が多いというような、社会的経験を十分に与えられる場合、赤ちゃんは、その後に、知らない人に接触しても、強い警戒心をもつことなく、感情を動揺させることも少ないという傾向があります。また、母親が常日頃よく出かける他所《よそ》の家（場所）で、子ども自身がその環境を十分に熟知している場合、あるいは子どもの側に、保護者である大好きな母親がいるときなどには、人見知りしないこともありますし、場合によっては見知らぬ人に興味をいだくことさえあるのです。

ところで、最近のマスコミに登場する乳幼児虐待で、若い母親が離婚したあと、乳幼児を連れて、再婚あるいは同棲している場合に、新しい夫（または男性）によって虐待が起きることがかなりの数報告されていますが、この場合の虐待の原因に〝子どもがなつかないのでカッとなって〟というのが多数あります。これは本当に悲しい出来事で、前述のように、ある日突然現れた見知らぬ人になつかないのは、なつかないことの方が当たり前で、なつく方が不自然ということであって、母親も新夫（または男性）もあまりにも子どもの心を知らなさすぎるところに悲劇の原因があります。

またこのようなケースでは、母親の方にも、このような虐待を容認するようなこともあるのではないかと思われるふしもあります。一つは、かつて離婚前の生活では、前の夫との間にいさかいが絶えなかったでありましょうし、そのため、母親は日々愛情飢餓の情緒不安定な状態で過ごしていたと思われることから、恐らく、その子どもに対しても好ましい母子関係（愛着）を育てることができないまま、離婚してしまうということになったと思われます。したがって、子どもの気持を考えれば、母親は安心して頼れるお母さんではなく、母親に対して、不安感、不信感いっぱいでいるだろうと思われます。そんなことから、赤ちゃんは何かにつけてぐずったり、泣いたりすることが多くなり、そのために、親たちにとっては扱いにくく、おもしろくない子どもに思えるだろうと思います。さらにまた、新夫（または男性）との新たな生活の中で、前夫の面影《おもかげ》を残す子どもを憎らしくさえ思えたり、あるいは、邪魔な存在に思ったりすることもありましょう。こうなれば、母親は虐待される子どもを守ろうとしないのみか、それを冷ややかにみていることもあり得ると思います。

なんとしてでもこのような生き地獄のような環境から、尊い子どもを救い、悲しい親を救ってあげたいという思いにかられます。

さて、人見知りをする時期は赤ちゃんがハイハイをはじめる時期でもあります。したがって、これまでは赤ちゃんの移動はすべて母親（養育者）まかせでしたが、ここではじめて、母親の膝を離れて自分の力で体を移動することができるようになるわけです。

この段階になりますと、赤ちゃんの人を見分ける力はさらにしっかりしてきます。そして、母親に対する赤ちゃんの反応が、他の人々に対する反応とははっきりと変わってきます。例えば、他の人が部屋から出ていっても平気なのに、母親が部屋を出ていくと泣き叫んだり、ハイハイをして後を追ったり、また、泣いているときに他の人があやしても泣きやまないのに、母親が抱き上げてあやすとぴたりと泣きやむ、というように、以前とははっきりと違った愛着のようすを示すようになります。このような行動は普通よく言われる「甘え」あるいは「慕う」という姿で、心理学では「愛着行動」と呼んでいます。

このように、はじめ母親だけに特別の反応をしていた赤ちゃんが、やがて、一歳半から二歳ころまでに、お母さんとともに、いつも自分に親しみのある関心を示してくれているお父さんに対して「この人も自分を愛してくれ、自分を助け、保護してくれる人なんだ」と分かるようになり、母親以外では、まず、父親を愛着の対象としてみるようになり、その後に、赤ちゃんの愛着の対象は、年長のきょうだい、祖母などの家族へと徐々に広がっていくのです。

自然な自立へ

これまで、乳児期のはじめのころから乳児期の後期にかけての愛着の変化のようすを見てきましたが、この後、子どもはやがて親から離れて「自立」への道を歩き始めます。この自立への過程で、例えば、母を慕ってできるだけ母の側にいたいとか、母といつも接していたいというような甘えとみえる愛着行動が、子どもの〝自然な自立〟に大切な役割を果たすことになるのです。

赤ちゃんは、生まれつき珍しいものに好奇心を示すといわれていますが、すわったままいざったり、ハイハイをしたり、両足で立って歩けるようになるなど、自分で移動ができるようになると、好奇心はますます旺盛になり、大胆になって何でも試してみようとするようになってきます。赤ちゃんは恐れを知らぬ冒険家に変身するのです。

赤ちゃんの手が、偶然テーブルの上のおもちゃのぬいぐるみに触れて床に落ちたとします。大人がそれをひろって再びテーブルの上に戻してやると、今度はおもしろがって何度も落とすことをくり返すというようなことは、親は誰でも経験ずみのことと思います。また、食べ物をいじりまわして、なにもかもべとべとにしてしまう。障子の紙に手をつっこんで破って、うれしそうににこにこしているなどなど傍若無人《ぼうじゃくぶじん》の行動をします。赤ちゃんにとっては興味津々《しんしん》おもしろくてたまらないゲームなのです。でも、大人からすれば甚だおもしろくない迷惑至極のできごとかもしれません。このような赤ちゃんの行動に対して、「だめだめ」の連発で拘束しようとするのは、利口なやり方ではありません。

このようないたずらと見えるものも、赤ちゃんにとっては、自分のはたらきかけによって起きる変化がおもしろくてたまらないのです。芽生えたばかりの知的欲求をみたす学習活動なのです。ですから、そのような偶然のチャンスを大いに広げ、変化に富んだものにしてやることの方がむしろ大切なのだと言えます。

ところが、この傍若無人にみえる冒険家にも大きな弱点があるのです。この冒険家は、実はたいへんな臆病者であるということなのです。

公園で、やっと一人歩きができるようになったくらいの子どもが、お母さんの側で遊んでいるとします。そこに見知らぬ人がやってきて、子どもをのぞき込んで「かわいい子ね」などと声をかけたとします。すると、子どもはいそいで母親の膝にしがみつき抱っこを要求するでしょう。母親が抱っこしてやると子どもは見知らぬ人の方はみることもせず母親の胸にしっかりとしがみついています。その見知らぬ人は実は母親の知人で、親しそうに会話をはじめました。しばらくすると、子どもはそっと見知らぬ人の方に顔を向けて安全を確認した後で、下に降りたいという意志表示をするでしょう。そっと下ろしてもらった子どもは、安心して前と同じように遊びを続けるに違いありません。

このように、このころの子どもには、母親が側にいるということが非常に大切で、子どもが危険を感じたときの「安全基地」の役割をもっているということができます。

この「安全基地」という用語をはじめに用いた、アメリカの動物心理学者のハーロウ博士は、生まれてまもない赤ん坊ザルを母親から引き離し、二種類の〝針金で作られたお母さん〟のもとで育てる実験をしました。

一方の針金製の母親は、胸に哺乳《ほにゅう》びんがつけてあり、いつでもお乳を飲むことができます。もう一方の針金製母親は哺乳びんをつけず、からだ全体を柔らかく弾力のある布でおおってあります。このような、二種類の代理母親のある部屋におかれた赤ん坊ザルが、どのようなすがたを示すかが観察されたわけですが、意外にも、もっとも魅力のありそうな、ミルクをつけた針金母親にはミルクを飲むとき以外は近づかず、ほとんど布張り母親の方に四六時中しがみついていたといいます。

ハーロウ博士は、さらにつぎのような実験をこころみています。赤ん坊ザルが代理母親の近くで遊んでいるときに、動きながらガチャガチャと音をだすクマのおもちゃを近づかせたところ、赤ん坊ザルは恐怖におののき、布の母親の胸にしがみつきました。赤ん坊ザルは、しばらくの間しがみついていましたが、やがて、怖い怪物の方をちらちらとみるようになり、その後、そろりそろりと床におり、こわごわと怪物に近づくと、安全を確認するように、そっとちょっかいをだしてみたりした上で、とうとう怪物を遊び道具にしてしまったといいます。

このような結果から、ハーロウ博士は、赤ん坊ザルが身に危険を感じるときに、もっとも必要なものは、母親の胸のような、温かくて柔らかい肌ざわりのもので、そこにいることによって安心感を与えられる。しかもそこで慰められ、勇気を得、自信を持ってつぎの冒険（探索行動）におもむくことができるようになるといいます。そして、赤ん坊ザルの例でみるように、人の赤ちゃんの場合でも、母親は赤ちゃんにとっての「安全基地」のような存在だというのです。そして、この安全の基地がしっかりしたものであればあるほど、子どもは外の世界へ安心して目を向けていくことができると考えています。

子育て中のお母さん方は、この自然のはたらきである「安全基地」としての役割をしっかりと自覚し、すこやかな子育てにのぞんでいただきたいものです。

ところで、ある時、一歳後半の子どもをもつお母さんから次のような質問を受けました。「よちよち歩きの子どもがいつもそばを離れず、忙しく炊事をしているときなどにかぎって、側にきて抱っこをねだるので困っています。こんな時、どんな対応をしたらいいのでしょうか」といわれるのです。筆者はそのときこのようなお話をしました。

私は幼児期によく耳を患《わずら》ったようで、三歳ごろだったと聞いているのですが、厳寒の夜、母が私を〝おんぶ（幼児語…背負うこと）〟し、〝ねんねこ半纏《ばんてん》（子どもを背負うときに着る綿入れのはんてん）〟を頭半分くらいまで覆《おお》うようにして、近くのお寺の墓地の奥にある、耳の病気を治して下さるといわれている〝耳なし地蔵〟にお参りしてくれました。その時の記憶として、顔に当たる風の冷たかったことと、母の背中の暖かさ、そして、真っ暗闇の中で、母が手に持っている線香の赤い小さな火が、母の歩くにつれて描く複雑な曲線模様を興味深くみていたことがいまでもはっきりと思いだされます。そのことを思うたびに、母の愛情の深さが今さらながら感じられ、感謝の念が湧いてくるのです。

今では、子どもをおんぶしている姿を見かけなくなりましたが、私たちの子どものころの記憶では、母親が仕事をするとき、子どもをおんぶすることはごく当たり前でした。このおんぶは、今考えれば非常に合理的な子育て方法であると思います。なぜなら子どもにとっては、〝おんぶ〟は〝抱っこ〟と同じスキンシップの効果をもっているからです。子どもを胸に抱いては仕事はできませんが、おんぶしている間両手は自由に使えるからです。というようにお話ししたことでした。質問者のお母さんはにっこりとして納得して下さいました。

ことばの発達

さて、乳児期は〝ことば〟をおぼえ始める大事な時期でもあります。

この〝ことば〟は、人が生きていくうえで不可欠のものです。子どもが成長するにつれていろんな大人や友達と交わるために、いいかえれば、人と人とのコミュニケーションのためになくてはならないものです。そればかりではありません。私たちの高度な知的機能や情操機能もことば（言語）の基礎なくしてはありえないのです。

このように大事なことばの始まりはこの赤ちゃん時代から出発します。ところが、これはいうまでもないことですが、ことばはただ放っておいても自然に話せるようになるものではありません。子育てする大人がことばを教えなければ、絶対にことばは育たないのです。

〝野生児〟ということばがあります。これは、人の子でありながら人間社会から隔絶されて成長し、やがて発見された子どものことをいいますが、いいかえますと、ケダモノによって育てられた子どものことです。このような例は、世界中で過去に数十例あるといわれています。ここではそれらの中でもっとも信頼のおける例として、アメリカの児童心理学者Ａ・ゲゼル博士の著書『狼にそだてられた子』（生月雅子訳、家政教育社）についてその概略を紹介しましょう。

一九二〇年のことです。インドのカルカッタの西南百十キロメートルほどの所にあるゴダムリという村での出来事です。村人がシング牧師のもとへやってきて、近くのジャングルに狼の群と一緒に人間のような化け物がいて、怖くてたまらないので追い払ってくれるよう嘆願しました。そこでシング牧師は、捕獲隊を組織し、洞穴から狼を追い払って二匹の化け物をとらえました。化け物は人間の女の子だったのです。

牧師は二人を近くのミドナプルの孤児院に収容して、アマラ（推定生後一年半）、カマラ（推定八歳）と名づけ人間の生活に戻すために夫妻でたいへん苦労しました。

二人は狼の習慣をすっかり身につけていました。食物ははらばいになってペチャペチャとなめて食べ、両手は狼のように前足として使われ、歩行は四つ足方式です。日中はうとうとと眠っていますが、夜になるとうろつきまわり、夜中に三度きまった時間に狼のような声で遠吠えをします。日中は目をごく細くあけ、暗闇になると目はらんらんと輝きだし、よく見えるらしいのです。また、嗅覚は狼と同じようにきわめて鋭敏であったといいます。

人間の生きる力は偉大なものがあり、おかれた環境によっては、驚くような性質も身につけることができるということです。いいかえれば、育て方ひとつで素晴らしい人格を育てることもできるということなのです。

シング牧師夫妻は、この二人に人間の生活習慣を身につけさせようと一所懸命努力します。その結果、立って歩く、手を使うなど人間の一般的生活習慣は、何年もかかってどうやらできるようになりました。しかし問題は〝ことば〟でした。

この二人のうち、アマラは約一年後になくなります。孤児院への在院は一年に満たなかったのですが、その期間中に、アマラは、言語と社会的行動において、カマラよりも長足の進歩を果たしたといいます。そして、もしもその後も生きのびていれば、カマラよりもすみやかにもっと完全に、正常な知能の成熟をみただろうとゲゼル博士は推測します。

ところが、カマラの方は孤児院で九年間生活した後、十七歳で尿毒症がもとでなくなりますが、それまでに使えるようになったことばは、僅かに四十五語ほどであったといいます。ゲゼル博士によれば、彼女は決して精薄児ではなかったと断言し、その上で、この子がことばを習得できなかったのは、生まれてすぐから約七年の間、狼によって育てられ、最初にことばを覚え始める、かけがえのない乳幼児期に、人のことばに接することができなかったからだといっています。生後早期に人間社会に引きもどされたアマラとの発達上の違いがそこにあることが確認されます。

この野生児の例によって分かることは、〝ことば〟は生まれ育つ言語環境の中でおぼえていくというもので、特に、乳児期のはじめのころからの言語環境がいかに大事であるかが示唆されています。

では、ことばがどのようにして育つのか、良い言語環境とはどのようなものかなどについてみてまいりましょう。

ことばのはじまりは〝喃語《なんご》〟とよばれる発声から始まります。喃語というのは赤ちゃんが発する弱く穏やかな意味のない発声のことで、アーアー、ウーウー、ウグンウグン、マンマン、マーマー、ブーブー、プップッなどのような発声です。生後二ヵ月ごろから始まり、七～八ヵ月が最盛期で十二ヵ月ごろから急速に減退していきます。そして、この喃語は、世界のどの国の子どもでも同じように発せられる現象といわれます。

いうまでもなく、この喃語はコミュニケーションのはたらきをもつものではなくて、赤ちゃんが自分で発する喃語を自分で聞いて、楽しみながらそれをくり返して、ひとり遊びをしているという特徴があります。ところが、聴覚障害から音が聞こえない子どもの場合、最初、喃語は発せられるのですが、その喃語を楽しむことができないためにやがて発することがなくなるということです。

では、赤ちゃんの喃語はどのようにして〝ことば〟に変わっていくのでしょうか。

ここで大事なはたらきをするのがお母さんなのです。お母さんは、赤ちゃんに対して、いろいろと世話をしながら語りかけています。「おお、よしよし」「おっぱいですか」「おしめかえてあげましょうね」などのことばかけが、実は立派な教育になっているのです。

お母さんは赤ちゃんの喃語に対して無関心ではおれません。お母さんはきっと赤ちゃんの喃語のまねをします。「マーマが言えるのね。お母さんがママですよ」とか、赤ちゃんのンマンマという喃語に「おりこうね。もうウマウマがいえるようになったのね。さあ、ウマウマあげましょう」といいながら食べ物をあげるというように、ことばに対応する人や事物などに関連づけ、体験させながら、お母さんは赤ちゃんの喃語を母国語の発音で言語化することをくり返して行います。すると、赤ちゃんの方でも、いま体験していることと関連する、お母さんの発音を模倣するようになり、自然の中に発音とことばの意味するものとが結びつき、ことばを自分のものにしていくのです。こうして、格別の努力をしないでも自然に母国語の学習が進行していきます。

ここでも、知らず知らずのうちになされる「母子相互作用」が大事な役割をしていることにお気づきでしょう。このような、赤ちゃんとお母さんの間で、明るく楽しい雰囲気の中でなされるコミュニケーションがことばの発達にとって必要不可欠なのです。

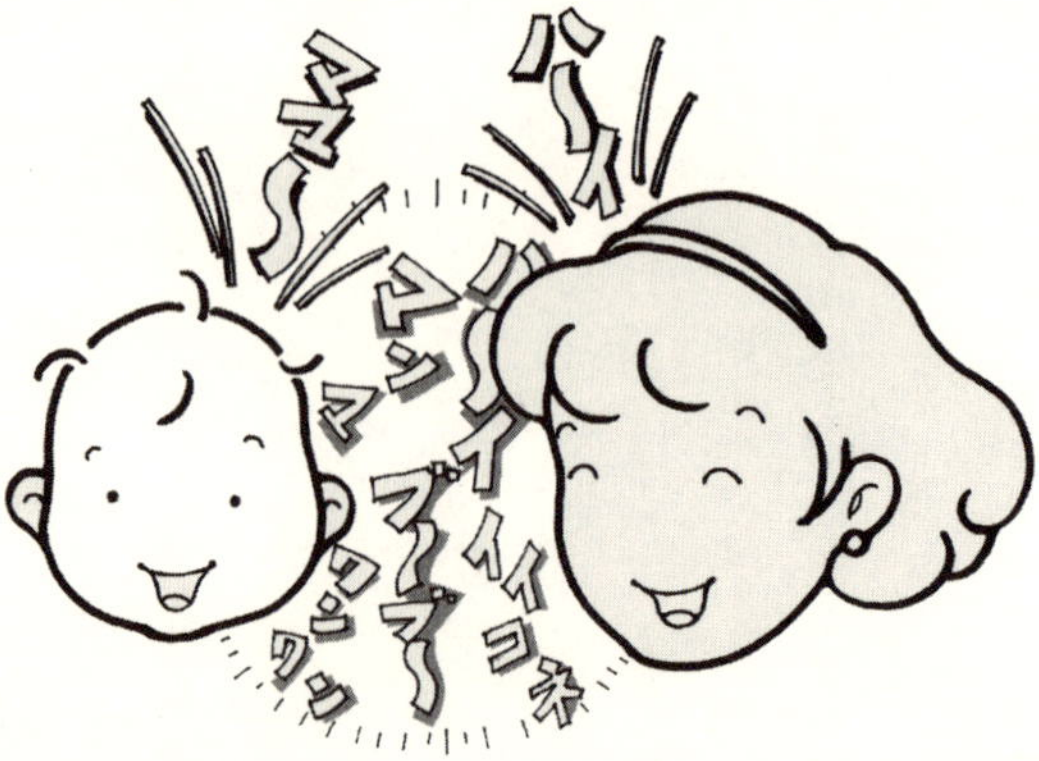

こうして、一歳前ごろに、片言ながら、ことばで自分の要求や意思や感情を表すことができるようになります。初語の出現です。世界のいろいろな言語にほぼ共通してみられる初語

は、大好きな「ママ（母親）」のようです。

さて、こうしていったんことばが獲得されますと、赤ちゃんは、一つのことばを使っていろいろな場面で、自分の気持や意志を表現しようとしはじめます。たとえば、「ワンワン（犬）」ということばは、そこにいるワンワンを知らせるときも、ワンワンのところに行きたいときも、あるいは、ワンワンが怖いときもすべて「ワンワン」という一語であらわします。これが一語文といわれるもので、この片言のことばは、お母さんやお父さんにとってはなにものにもかえがたい子どもの成長の証《あかし》ですから、その発達のすがたに驚いたり喜んだりしながらますますさまざまな働きかけをしていくことになります。その結果、ことばの数はぐんぐんと増えていくことになるとともに、大人のことばに応じて、動作などの面でも急速に理解がすすみます。たとえば、一歳ごろに「いってきます」ということばに対して手をよこにふる（ばいばいの意味）、あるいは、ふとんとふとんの間にころんで起きられなくなっているのを起こしてやると「ハイチャ」（ありがとうの意）ということばで感謝の気持を表しているとみられるようなことも育ってきます。やがて一歳半ごろになると二つのことばを連ねて使う二語文がでてくるようになります。「パパ、ブーブー」は「パパ、自動車に乗りたい」のような使い方から、「ブーブー、ノンノ」のような異なる品詞を重ねて使えるようになります。

二歳になるころまでには、だいたいひととおりの品詞が出揃うまでに発達します。

また、この一語文、二語文の時代には、「モット　チョウダイ」から、「ドイテ」「オンリ」「アケテ」「シメテ」「イク（行きたい）」などのような要求することばが多くなります。そして、このような他に対する要求のことばがでてくるころには、大人からの簡単な要求、例えば「そこのミカンを取って」のような要求を理解できるようにもなります。

なお、この二歳前後の時期に子どもは、ものに名前があることに非常に興味をもちます。そして、しきりに「コレ、ナーニ」を連発して大人を困らせることになります。例えば、母親に時計をさして「コレ、ナーニ」と尋ねるとします。母親が「これは時計よ」と答えます。やがてまた、「コレ、ナーニ」と尋ねてきます。さらにまだ何度も尋ねるかもしれません。このようなとき、あなたならどうしますか。二度くらいまでは誰でも丁寧に同じように答えてやれます。ところが三度目くらいからお母さんの対応は分かれてくるのではないでしょうか。

あるお母さんは、「なんど聞けば分かるの、お母さんはいそがしいんだからいい加減にしなさい。さあ、あっちに行ってひとりで遊んでいなさい」という人もいるでしょう。また、他のあるお母さんは「うーん、これ何だったかな。○○ちゃん、お母さんに教えて」などと問い返しますと、子どもはお母さんに教えてあげるというような顔をして、うれしそうに「これ、トケイ」と答えるでしょう。その時お母さんはすかさず「○○ちゃんは偉いね。トケイをちゃんといえるのね」などと応えると子どもはもう満足するのです。子どもはなぜ何度も同じことを聞くのでしょう。すぐに忘れて聞いてくるのでしょうか。そうではありません。子どもにはすでに時計というものに対応する「トケイ」ということばが覚えられています。その覚えていることばを再度質問して、お母さんのことばでかえってくる「トケイ」ということばと合致することが、なんとも快く、うれしいのです。楽しいことばゲームなのです。お母さんがそのあたりの子どもの心をよく理解して、ゲームに参加してあげることが子どもの知的欲求に応えることになり、ことばの発達を促すことになるのです。また、この頃の子どもには動物やのりものなどの親しみのある絵本などを用意して、お父さんやお母さんが子どもにお話をしてあげたりして、子どもとの交流を楽しみながら遊んであげることもよいと思います。

ここで話は前の喃語時代に戻りますが、世の中にはことばの発達について、たいへんな誤解をしている人がいます。ことばの刺激をたくさん与えればことばを覚えるだろうという考えです。赤ちゃんは比較的早い時期からテレビに興味をもちます。そこで、赤ちゃんをテレビの前に置いて、テレビから聞こえてくる人間の会話や歌を聴かせておけば、ことばの発達が促されるのではないだろうかと考えるのです。実際に子どもをそうしてみると、おとなしくテレビを見てくれます。これは親の側からすればたいへん都合のよいことで、テレビが子守をしてくれている間、子どもを自分の手から離すことができ、自由になれる、その上に、ことばの発達を促すことまでができる、まさに一石二鳥ということではないかと思うわけです。

本当にテレビが子守をしてくれ、ことばまでも教えてくれるのでしょうか。これはたいへんな考え違いのようです。それればかりでなく、逆に、ことばの遅れや障害がでる恐れさえあるということもいわれています。

なぜでしょうか。これは前にも述べてきたことですが、ことばの発達には、母親（養育者）と子どもとの間のことばの交流、相互作用が欠かすことのできない必要条件なのです。たしかに、テレビは絶えず音声をだしています。しかし、子どもがテレビに対してなにか発声したとしても、テレビはなにも反応してくれません。要するに、テレビは一方通行のメディアですから、自分に一切かかわってはくれないのです。こういう環境の中では、ことばは、子どもにとって単なる遊び道具の役割しか果たせません。人と人との間で用いるコミュニケーションのことばを学ぶことはできないのです。このようなことは、最近盛んに推奨されている早期教育教材の中に、同じようなことが心配されるものもあるようですので慎重に対応していただきたいと思います。

乳児期のしつけ

ここでは一歳児のしつけの問題を考えてみましょう。しつけというとつい「しつけは叱ってするもの」と考える人がありますが、そうではありません。この頃のしつけではやはり赤ちゃんと楽しくかかわりながらのしつけを心がけねばなりません。

まず、排泄の面についてみてまいりましょう。赤ちゃんが便意を告げることができるようになりますが、その時にはおまるや便器にかけてやるとうまくいくことがあります。うまくいったときには「よかったね！　えらい、えらい」などと大いによろこんでやるといいと思います。でもいつもうまくいくとは限りません。そのような時にがっかりしたり、「この前はうまくいったのに今日はどうしたの」などと叱るようなことはしてはいけません。子どもはお母さんのことばには大変敏感ですから、すぐに反応してしまいます。例えば、失敗したときに泣いたり、便意を教えず黙っていたりするようになります。また便意があってもそれを我慢してしまったり、教えないままで排泄するようになることもあります。うまくいったかどうかで一喜一憂してはいけません。うまくいったときに喜んでやるだけでいいのです。

生理的な面からみれば、排泄に関係する筋肉神経が十分に発達するのは、二歳児ということになっていますので、この点からみれば、排泄のしつけは二歳児からということもできます。まずはあせることなく成長を待つことにしましょう。そして、赤ちゃんに快くかかわりながら、手を抜くことなく、おむつを替えてやることの方が大切だと思います。

最近のお母さん方のなかに、おしっこを排泄してもそれを全部吸湿してしまう吸水性の高い紙おむつを用いていることがありますが、確かに、再々おむつを替えなくてもすむ便利さはあるでしょうが、赤ちゃんにおむつの濡れたときの不快感を感じられなくすることは、便意を教えることなくおむつにしてしまうという、悪い習慣づけになってしまう危険があります。聞くところでは、幼稚園の年長組の子どもにおむつのはずせない子どもがいるそうで、日々紙おむつをしたまま登園するということです。親の手抜き哺育が、子どもの自尊心を傷つけるたいへんかわいそうな負担を負わせる結果になっているわけです。

このようなことから考えれば、昔ながらの綿布のおむつの方がもっとも自然の理にかなっているといえます。子どもの排泄にともなう感覚・行動をみると、排泄するとおむつがぬれる→不快を感じる→気持がわるいので泣く（知らせる）→養育者がその都度汚れたおむつをはずし、清潔にした上で新しいおむつに替えてやる→子どもは爽快感を感じうれしい気分になる。このような不快感から快感を得る一連の感覚・行動が、便意を知らせる行動につながっていくのです。さらにつけ加えれば、排便のときに子どものいきみのリズムに合わせて「ウンウン」などと声をかけてやるといいですね。そして、便意をうまく伝え排便がうまくいったときには、子ども自身も爽快感をもっているのですから、ニコニコ顔で「よかったね、気持いいでしょ」などと子どもの気持になって、すかさずいってあげるといいでしょう。仮に失敗しても責めることは自立を妨げることに貢献するだけですから、笑顔で「今度また知らせてね」などと次に期待をもたせるといいのです。

お母さんにとって問題なのは、その後に生じるおむつ洗いの仕事です。赤ちゃんとしっかりと愛情の絆ができている人にとっては、日常的なこととして楽しくできるのでしょうが、これを大変なこと、嫌なことと思う人にとってはなにか余分の仕事に思え、つい〝快適紙おむつ〟に心が向くことになるだろうと思います。確かに、手間のかかることでしょうが、綿布のように排便後すぐに不快の感じられるようなおむつの場合、養育者がすぐそれを察知して、すかさず対応できることから、それぞれの子どもに固有の排便のリズムや便の様子から健康状態までを知ることができるなどの大きな利点があることを忘れてはなりません。

この一歳段階の生活習慣のしつけとしては、ごく簡単な生活上のこと、例えば食事の前に手を洗うという程度のことでしょう。これもまだひとりで洗えるわけではありませんので、「さあ、お食事の時間ですよ。ごはんを食べる前にはおててをきれいにして食べましょうね」などと言いながらお母さんが一緒に洗面所に連れていって、「こうしてきれいに洗いましょうね」など言いながら丁寧に洗ってあげるとよいと思います。このように食事ごとに毎回つづけることが大切です。したりしなかったりではしつけはできません。でもつづけている中に子どもは自分でしたくなってきます。その時には側でお母さんも一緒にして見せながら自分でさせることです。ここでは自分でしようという心を育てることが大切ですから、洗い方のまずさを叱ったりしてはいけません。お母さんは、自分でしようとする心を大いに喜びほめてあげることが大切です。

次に、睡眠の生活習慣についてですが、この一歳から二歳ころの子どもの睡眠時間は個人差はあるのですが、十一時間から十五時間くらいは必要といわれています。ところが最近、若い夫婦の姿に大変気になることがあります。夜十一時を過ぎている頃、コンビニエンスストアに車を乗りつけ、買い物にやってきている夫婦に出くわします。見れば、よちよち歩きの子どもの手を引いているのです。ときには、二組の夫婦がどちらも子どもづれで、楽しそうに話しこんでいることもあります。思わず時計に目をやり、こんな時間にどうして……と思うことがしばしばあります。

子どもの生活リズムを整え、睡眠時間を十分にとってやらねばならないときに、子どもの生活リズムを無視して、大人の夜型の生活リズムに子どもをあわせさせるという、まことにおかしな、といっても当人達はちっとも疑問を感じないのでしょうが、このようなことが日常的になっている親があります。最近の新聞報道によれば、パチンコにいく時間がなくなるという理由で、生まれたばかりの二人の赤ちゃんを次々に殺してしまったという母親さえも出現しました。

私たちの国日本は、戦後の半世紀を経てどん底の生活からはい上がり、今や世界の第二の経済大国となり、国民は日々豊かな生活を享受できるようになりました。しかし、豊かさと平和な社会に慣れてしまい、多くの人々が苦しさを避けて享楽的な生活に赴く傾向が優勢になってしまいました。このような傾向は、若者の社会でも例外ではなく、かつて、親が自分の生活を犠牲にしてでも、子どもを宝として大事に育てようとした暮らしの姿は影が薄くなり、親が自分の享楽的な生活を子育てよりも優先するようすもみられます。

子どもの健やかな成長なくしては将来の国や社会の発展も考えられません。この際、これからの社会を担っていく子どもや若者たちに、健やかな心を育て、正しいものの考え方や態度を養うための教育の再建を図らねばならないと思います。

第三章　幼児期の子育て

幼児前期の子ども

運動が大好き

二歳を過ぎるころになると、もうよちよち歩きを卒業して、ころばずに走ったり、つま先立ちで歩けるようにもなります。何かに登ろうとしたり、ぶら下がることだってできるようになります。こうなりますと、体を動かすことが嬉しくてしようがないのです。健やかに育ち、元気いっぱい自由を楽しんでいる姿は何とも嬉しいことです。

でも、まだまだ危なっかしいところがいっぱいで、目を離せないところがあります。例えば、子どもは階段のぼりが大好きです。はじめは、壁に手をつきながら両足を交互に一段ずつのぼることができるようになりますが、降りるときに前向きのままで降りようとして、階段から転落したりすることがあります。したがって、目を離すことなく見守り、いざというときに備えている必要はあります。

しかし、危険があるからといって危ないことは一切させないというのはいけません。子どもがちょっとでも危なっかしいことをしようとすると、すぐに手を出してそれを止めさせようとする親がありますが、これでは子どもはなにをするにも自信のないひ弱な子どもになってしまいます。明らかに危険なときは別として、子どもはさまざまな失敗経験を通して、自然に行動のしかたを修正し、徐々に巧みさを増していくのです。子どもの日々の経験は次のステップのための学習活動なのです。

自分を出そうとする

歩行を始め運動機能が急速に発達してきますと、自分で自由に動きまわり生活範囲をどんどんと広げながら、興味・関心・好奇心も広がってきます。

したがって、だんだんと器用さを増してくる機能を使って自分でしてみようという気持も強くなってきます。でもまだ本当に上手にできるようになったわけではありません。パンツやズボンの着脱ができるようになりますが、そんなに簡単にうまくいかないものもあります。例えば、靴下はつま先を引っぱって脱ごうとします。そのような時、親が見るに見かねて手を出そうとすると「いやっ」ということばが返ってくることになります。自分でするんだという意志表示です。こんな時は、あなたならどうしますか。「満足にできないくせに、お母さんにかしてごらん！」などと言いますと、再び「いやっ」ということばが返ってくるでしょう。「ほんとに意地っぱりのしようのない子ね！」などとは言わないで下さい。親としては、一段高い立場から子どもをみてあげる余裕が欲しいものです。「ああ、○○ちゃんは自分でやってみたいのね。えらい、えらい、お母さん、みててあげるからね」などと子どもの自主性の芽ばえ（自我の成長）をよろこび尊んであげることが大切です。

なお、このようなとき、子どもの自主性を損なうことなく靴下の脱ぎ方を教えたいと思えば、子どもの次のような心の特性を生かして教えればいいと思います。

「さあ、じゃあお母さんも一緒に○○ちゃんと靴下を脱ぐけいこをしましょうね」と、子どもが母親の動作がみえやすいように隣りにすわり、「お母さんが脱ぐのをみてて」などと言いながら、ゆっくりした動作で靴下を膝の方からぬいでみせるといいと思います。やがて、子どもはきっとお母さん流のしかたをマネして、靴下脱ぎが上手にできるようになると思います。この時でも決して「こんな風に、上の方から下ろさなくちゃーだめよ。さーやってごらん！」「そうじゃないの、こうするのよ！」などと強制しないで欲しいと思います。子育てては急がないこと、子どもの自発性、自主性を尊重しながら〝待つ〟ことが大切です。

このころの子どもは、ますます模倣の天才ぶりを発揮するようになります。子どもは親を模倣《まね》しながら生活習慣などあらゆるものを学んでいくのです。〝まなぶ（学ぶ）〟の語源は〝まねぶ〟という古いことばからでたもので、現代語の〝まねる〟ということだと言われています。これからの幼児期は、子どもが父母をはじめ周囲の人々のマネをしながら学んでいく模倣の時期といわれる特別の時期になります。

二歳児のことば

さて、次はことばの発達のことについてみてみましょう。

二歳児は普通約二百九十語を獲得すると言われています。はじめのころ、ことばは目の前のことであれば、なんとかひととおり自分のいいたいことは言えるようになります。絵本に書かれている品物をさして、それが何であるか名前を言うことができます。ただ、まだ正確な発音でいうことはできません。例えば、「これは何色の電車？」と問えば、「アカイオ」（赤色）と答えます。また、黄色は「キイオ」などとなります。ただ、「これはなーに」と聞くと「コレワアオノデンシャ」のように、主語と述語といういちばん初歩的な文の構成がとれるようになります。

二歳半ばころには、自分の発音の違いに気づいてそれを直そうとするようにもなります。例えば、それまで「クマタン」といっていたものを「クマチャン」に言いかえる努力もみられるようになります。あるいは、絵本で赤いトマトを食べている絵を指して「赤いボール食べてるの?」とたずねると「トマトタベテン　タベナイ　タベナイ　タベテマチュ」のように、はじめ間違えてしまっても、何度もそれを言い直して、自分で積極的にことばを正しく話そうとする意欲もみられるようになってきます。

このように、自分の言いたいことを表現するにはまだことばが足りません。うまく自分の気持が伝わらないことが多いのです。そのようなときに、お母さんが子どもに対して「何を言いたいの、あなたは!　ママ忙しいんだから、早く言いたいことを言いなさい」などと言うとしたら、せっかくの伸びる芽を摘んでしまうことになりかねません。また、いちいち片言を正しい発音に直そうとしてあせらないことです。それよりも、自己表現を精一杯しようとしている子どもに対して、それをそのまま尊んで受け入れ、ゆったりした態度で子どもの言いたいことをやさしく相づちを打ちながら聞いてあげたいものです。

また、前にもいいましたように子どもは知らず知らずの中に周囲の大人のことばを模倣して学んでいくものです。子どもを取り巻く人間関係やそこで日常交わされていることばや態度は、子どもが積極的にまねて良いものになっているでしょうか。子どもに向かっていろいろと要求する前に、親が自分自身を省《かえり》みることをお願いしたいものです。

ことばは、人と人とが心を通わせるための大切な道具です。最初にことばを学んでいくこの時期に、正しいことばの使い方を学んでもらわねばなりません。日常的に使われていることばは、いつも生活を共にし、慣れ親しんでいる家庭の夫婦やその他の家族の間では、恐らく、ほとんど無意識的に会話がかわされています。そこでは、その時その場の成り行きや雰囲気の中で、その人の思いや感情が吟味、検討されることなく表出されるものです。そこで大切なことは、まず、家庭内の人間関係を良好なものにしていく努力が求められます。なんの努力もなしに明るい良い家庭ができるとしたら恐らく奇蹟に近いことではないでしょうか。

厚生労働省が発表した二〇〇〇年の人口動態統計によると、離婚は二十六万四千二百十六組と過去最高となっています。その内、同居期間が五年未満のものが九万六千二百十六組で全体の36.4％を占めたと報じられています。恐らくこの離婚理由はこれまでと同じように「性格の不一致」であろうと思います。一見まともな理由に思えますが、夫婦で性格が一致しているので仲がいいのだという夫婦が本当にあるでしょうか。夫がのんびりやで、どちらかというとだらしない人であると、奥さんの方は几帳面でしっかりしているというような、まったく性格が一致しない夫婦の方が多いように思われるくらいです。ということは、離婚の原因は別の所にあるということになります。では、なにが原因でしょうか。ちょっと乱暴な言い方かもしれませんが、私は「自己中心的」な心にあると思います。〝自己中心性〟ということばは、これからみていこうとする幼児期の子どもの心理的特徴を表すことばなのです。相手の立場が理解できない、人の立場に立って考えられず自分中心に物事を考えてしまう心の状態のことをいうのですが、現在、このような幼児性から脱却できないまま大人になっている人が多くなっているのではないかと思います。このような人は自我が強くわがままなのです。人を愛することの下手な人だと考えられます。

相手の人のために何かして、幸せにしてあげたいと思う心が愛ではないでしょうか。自己中心的な人はともするど、相手から愛されること、自分のためにしてもらうことのみを求めて、与えることをしないのです。心の中はいつも不満でいっぱいです。そうではなく、お互いがお互いの心を理解しようと努力し、お互いに助け合い、譲り合うことができないと仲の良い夫婦にはなれませんし、明るい家庭もできません。

かといって、最初からこのような完全な夫婦があるとは思いません。お互いまだまだ未熟な男性と女性が一緒になって、仲の良い夫婦になろう、明るい家庭を作ろうと日々反省し、努力していくことが大切だと思います。一時的感情に流されやすい人は、ともすると、これは自分の性格だからどうすることもできないものだと決めている人がいますが、そうではありません。そういう人は、そういう場面に遭遇したときにその都度《つど》、感情に流されないように自己訓練していけばいいのです。そして、もし自分の誤りに気づいたら、我《が》を張らず素直に謝《あやま》るようにしたらいいのです。ほとんどの人の人生はこのような自己反省と自己訓練の積み重ねの連続の上にあるのではないでしょうか。

また、このような日々の努力の姿が、子どもにとって人間関係についての良きモデルであり、それを模倣することのできる大事な教育の機会になっていることも忘れないでいただきたいと思います。

さて、三歳に近くなるころには、人のことばをマネして、むやみに自分のことばにしたりするようになります。また、ものの因果関係が分かりはじめることから「なぜ」「どうして」という質問が多くなります。「このお盆どうして丸いの」など大人が答えに困るような質問に悩まされることになります。この傾向は以後ますます多くなっていきますが、これにも、尊い子どもを育てるために誠意を持って対応していただきたいものです。困ったときには「うーん、むつかしい質問ね、どうしてだろうね、○○ちゃんはどう思うの」などと逆に聞いてみるのも一つの方法です。意外な子どもの考えを聞き出せるかもしれません。

友だちとの関わり

さて、友だちをつくりたい、友だちといたいという欲求が出てくるのは三歳を過ぎてからですが、この二歳児の時期にもその萌芽《ほうが》はみられるようになります。といっても本当のコミュニケーションを持つ能力はありません。ただ、友だちに対する関心は心の中で高まってきています。したがって、公園など友だちのいる遊び場につれていきますと、きっと子どもは友だちに好奇の目を向けます。友だちのしていること一つ一つに興味をもっていることが分かります。何度もそんな機会をつくってやりますと、側で遊べるようになります。でも関わりあって遊べるわけではありません。ただ側にいるだけで満足なのです。

そして、他の子どもの遊びを傍観していて、遊んでいる子どもに声をかけてみたり、ボールが飛んでいった方向などを教えたりはしますが、自分は遊びに加わろうとはしません。このような傾向は二歳半頃に最も多いといわれます。また、同じ年頃のよその子どもが遊んでいる場所で遊ぶ場合でも、それぞれは無関係に別々の遊びをします。いわゆる〝ひとり遊び〟です。さらに、ひとり遊びではありますが、他の子どもと同じような遊具で遊びながらも一緒にはならないで、他の子どもの傍《そば》で遊ぶという様子も二歳から三歳までに多くみられます。

ただ、このように同年齢くらいの子どもが一緒になった場合、しばしばトラブルが発生します。たとえば、よその子が持っている珍しい遊び道具を子どもが奪ったりすることが間々《まま》あります。すると、とられた方の子どもは泣き叫んだり、とられまいとして奪い合いのケンカになったりすることがあります。また、二人の子どもが砂場で、同じようにトンネルをつくって遊んでいるとします。トンネルを共同でつくっているわけではありませんから、トンネルがぶつかりあってこわれてしまい、ケンカになったり泣いたりすることになったりします。

では、このようなトラブルはどうして起きるのでしょうか。二、三歳の子どもの心には、だんだんと自分という心（自我）が芽生えてくるのですが、他我の存在には目覚めてはいないのです。ですから、完全な自分中心主義者なのです。自分のものは自分のものですし、他人のものもまた自分のものというような考えなのです。

さて、このようなトラブルが生じたときにどうしたらいいでしょうか。まず、子どもの自分中心の未熟な心を理解しながら対応を考えねばなりません。

よく見かけるお母さんの対応に、「だめじゃあないの。これはあなたのものじゃあないでしょ。返しなさい！」と頭ごなしに叱ったり、いきなり頭を殴ったりする人もあります。このような時、子どもは素直に返すでしょうか。恐らく、子どもは真剣な顔をしてその玩具をいっそう強く抱きしめ、返す様子も示さないでしょう。相手の子どものお母さんの手前もあって、お母さんの顔はますます険悪になり、いっそう声を荒げることになり、しまいには子どもの手から無理に玩具を奪いかえして、相手の子どもに、母親が返してやるということになるのです。すると、当然のことながら、家の子どもは大声で泣き叫び、母親はその子の手を荒々しく引っ張ってその場を去るというような光景が思い浮かびます。

ところが別のお母さんは、子どもの目線にまで腰をかがめて、子どもの目を見ながら静かにやさしい声で「このおもちゃはあなたのものではないのよ。これは○○ちゃん（相手の子）のものなのよ。だから返してあげようね。あなたは優しいいい子だから返してあげましょうね」などと、子どもの人格を尊びながら、きちんと理由を話してあげるといいですね。すぐに返せなくても、お母さんが優しい笑顔で子どもの目を見つめながら待ってあげることです。子どもはきっと大好きなお母さんの期待に添いたいという思いがつよくなり、そっと返してやれると思います。その時、お母さんはしっかりと子どもを抱きしめ「よく返せたね、あなたはほんとにいい子だね。お母さんは大好きよ」などと心を込めてほめてやるといいと思います。

こうして、子どもをひとりの人格として認め、尊びながら、やさしく道理を説いて聞かせることによって、子どもは徐々に他者の存在に目覚めることができるようになるとともに、自分中心の心を制御することを学んでいくことになります。その逆に、前のお母さんのように感情的な対応をした場合はどうでしょうか。他者の存在に気づき、自分を押さえるような心が育つでしょうか。恐らくは、子どもの中に潜んでいる自尊心が傷つけられ、無意識のうちに母親への憎しみや反抗心が育つことになるのではないでしょうか。

反抗期

前にもふれましたように、二歳をすぎるころから歩行をはじめ手先の器用さなどの運動機能が発達してきますと、いろいろなことを不十分ながら自分でできるようになってきます。するとそれまですべて母親に依存していた生活から抜け出して、自分でやろうとする意欲がでてまいります。これが自我の目覚めなのです。

ところが、母親の方はそれまでの何から何までかまってきた子どもへの関わり方を急には変えられません。子どもかわいさからすぐに手を出そうとしたり、「それをしたらだめよ」とか「こうしなさい」「ああしなさい」とかの禁止のことばや指示・命令的なことばが多くなります。すると、子どもの方は何かにつけて「いやっ」という反応を示します。「こうしなさい」といえば「いやだよ」といって指示とは反対のことをしたりという行動をします。

このように、親の意に添わないことばや行動をとることから〝反抗期〟と名づけられたのです。思春期の頃の反抗期と区別して、第一反抗期という呼び名もあります。ある人はこのころの子どもの心理状態からすると「反抗」ということばは適切ではないといい、「自立期」あるいは「独立期」と呼ぶ方がよいという意見もあります。ここでは一応、普通いわれている反抗期ということばでお話を進めたいと思います。

この反抗期は、三歳児になる頃から特に顕著になってきますが、自立の過程でどうしても通らねばならないものなのです。決していやがるべきものではありません。子どもはこの反抗期を経験しながら自立心が育っていくのです。反抗をしめす子どもは、正常な発達をしているわけですからむしろ喜んであげるべきものです。反抗期のない子どもは意志の弱い子になってしまうと言われているくらいです。また、反抗体験のない子どもほど、場合によっては思春期になってから情緒障害を現したり、自我の形成が未成熟で自立できなかったりすることもあり、かえって心配なのです。

さて、そこでこの反抗期の子どもにどのように対応していったらいいのかについて考えてみましょう。この対応の仕方が子どもの人格形成に大きな影響を持つことになるのです。

一番好ましくない対応からみてみますと、反抗期というものの理解がないため、反抗をよくないことだと思いこんでいて、無理に親のいうことに従わせようとして、親の方が感情的になってしまうことです。親子ともども反抗期にはいるなどおかしな話です。

特に気をつけなければならないのは、子どもが親や家族などの養育者のいうことを聞かない場合に、つい発することばです。子どもの「いやっ」という強いことばに何度も遭遇するうちに「この子はなんて強情なんでしょう」とか「どうしようもない子ね」あるいは「この子、誰に似てこんなに強情なんでしょうね」などのように、子どもに〝強情者〟〝だめな子〟のレッテルを貼《は》ってしまうことです。これでは子どもはますます反抗を強めるだけでしょう。それがその子の性格になってしまうかもしれません。

また、養育者が感情をあらわにして強いことばや態度・行動で強圧的に子どもを従わせるような場合、ある子どもは非常に強い反抗を示すでしょうし、ある子どもは、不満を表に出さず形だけ従うようになったり、あるいは無気力な子になったりするでしょう。

このような子どもに対する感情的な対応がなぜ起きるかについて考えるとき、気になる背後の問題があります。それは子どもの親である夫婦のあいだに感情的もつれがありはしないかということ、また他に家族のある場合は、その家族と夫婦、特に母親との間の人間関係に軋轢《あつれき》があるのではないかということです。これらの人間関係のもつれや軋轢は子どもと日常的に関わる母親の情緒安定性に大きな影響をもたらすからです。このようなことから、母親が情緒不安定な状態におかれていますと何かにつけていらいらしがちになりますので、子どもの反抗的態度が、母親にとってはわずらわしさを増幅させることになります。その結果、日頃のもって行き場のない感情をおさえきれずに、つい子どもに向けて当たってしまうものです。このような状態をさけるためには、夫（父親）は、子育てに日々苦労し、疲れがちな母親の立場を理解して、いつも感謝と暖かい愛情に満ちたねぎらいのことばとともに、できる限り子どもの遊び相手になってやったり、家事を手伝うなどして子育てを援助する努力が必要でしょう。夫婦はお互いに愛し合い、助け合い、いたわり合うために夫婦になっていることを忘れないでいただきたいと思います。

このような夫婦の愛情に満ちた暖かい雰囲気やことばや態度は、そのまま子どもの人格発達の上に大きな影響を与えていくことになるのです。

いうまでもないことですが、この反抗期は子どもがこれまでの母親への依存的な関係から自立の道へ進み始めたところですから、父親は父親らしい、母親とは異なる関わりをして欲しいものです。

ところが、よく子育ては妻に任せていますのでと、子育てに関わらないことを当たり前のようにいう父親も見かけられますが、これはとんでもない考え違いといわなければなりません。実は、この頃の子どもには、母親への愛着とは異なる父親への愛着も芽生えてくる大切な時期ともなっています。したがって、父親がもっと積極的に子どもと関わりをもつことが必要なのです。

父の役割　母の役割

先ほど、父親は父親らしい、母親とは異なる関わりを、といいましたが、父親らしい関わりとはいったいどのようなものでしょうか。

かつて、永年、家庭裁判所の調査官をしていました友人が、あるとき、ぽつりと話されたことです。長い間、国内各所で、犯罪を犯したり、問題を抱えた子どもたちの家庭を訪問し調査してきたそうですが、ある時、ふと、これらの家庭に共通している状況に気づいたそうです。それはどこの家庭に行っても〝父親の影が薄い〟こと、一方で〝なにかにつけて母親がしゃしゃり出てくる〟という状況であったというのです。

また、これと似たようなことについて、あるアメリカの心理学者が問題のある子どもの家庭を調査した結果として、〝父親が確固としていない〟傾向があることを指摘しています。

昔から我が国には、子育てに対する父母のあり方として〝厳父慈母〟(子に対して厳格な父と愛情の深い母)ということばがあり、古くからこの国では子育てにおける父親と母親のあり方については、当然のこととして受け入れられてきました。しかし、現在の家庭での子どもに対する父母の姿はどうでしょうか。ある人たちは、今の家庭での父母の役割は〝厳父慈母〟ではなく〝厳母慈父〟と逆転していると指摘する人もあります。このような批判はともかくとして、現在は男女平等の考えが社会全般に浸透しています。このことは、同じ尊いいのちを生きる人であることからすれば、男も女も人格的に平等であることはむしろ当然のことです。しかし、男女とも仕事を始め育児についても同じように分担すべきであるという考え方には首を傾《かし》げざるを得ません。なぜなら、私たちを生み出した〝大いなるもの〟は、身体のつくりからさまざまな能力にいたるまで、性の違いによる特性の差異を与えているからです。体つきを見ても女性の身体は丸みを帯びた優しさが感じられるものですし、男性の身体はごつごつしており、たくましさを感じさせます。大自然はその体つきの表現によって、男性と女性の心ばえの特性の差異を象徴的に示したのだと思います。この性による特性の違いが、互いにその特性を発揮して協働するときに万事が成就するようになっているものと思います。二つの異なる音が一つになって、一つの音では出し得ないすばらしいハーモニーを奏《かな》でることができるようなものではないでしょうか。

こうしてみると、母親の子どもへの接し方は、慈《いつく》しみをもって子どもを胎内に養い、誕生後は今日まで、自分の分身のような子どもに、授乳を始め、すべてのお世話を手塩にかけて愛情を注いでこられたのです。父親はといえば、ときに母親代わりをすることがあったとしても、ほとんどは、母（妻）と子を見守りながら、離れた位置から愛情を注ぎ、必要に応じて手出しをするという子育てのスタンスです。

子育て真っ最中の母親は、子どもの身のまわりを中心に、身近なところに目を注いでいるのに対して、父親は家庭を取り巻く外の社会と家庭内の両にらみで、家庭を守り、間違いなく導いていく責任があります。このような父親（夫）の働きがあって、母親は安心して子育てに専念できるのです。そして父親はまた、これから先、幼児期から児童期、思春期へと進む成長の過程で、もしも子どもがわがままな態度や人に迷惑をかけるような行動をとるような時には、して良いことと悪いことをはっきりと教え、時には子どもの前に立ちはだかってそれを阻止することも必要です。最近の子ども達に自制心（心のブレーキ）に欠けるものが多く、善悪のけじめがわからない子ども（青年）が多数いるのは、このような父親らしい、愛情に満ちた、しかも厳《きび》しい子育て（しつけ）が影を潜めたことによるものといえましょう。

これまで、子育てにおける父親の役割についてみてきましたが、父親がこのような役割を果たすためには、大事な前提条件があります。それは、母親（妻）が夫（父親）を尊び、立てる心が大切だということです。もしも、夫婦仲が悪く、夫に不平ばかりいっていたり、夫婦仲が悪いというものでなくても、夫を軽んじるような気持があれば、知らず知らずのうちに態度やことばに、つい表れるものです。たとえば、ことばの面では「うちの宿六（亭主を親しみ、また卑しめていう語……『広辞苑』）」「亭主は達者で留守がよい」などは、そこにユーモアとともに幾分かの情愛は感じられるものの決して好ましいものではありません。「粗大ゴミ」にいたっては嫌悪の気持が見え見えです。妻がこのような心境であれば、子どもが父親を尊敬し、ことばに権威を感じることはできません。したがって、父親の役割は果たそうにも果たせないことになります。夫婦ともども自省してほしいものです。

反抗期の心理

さて、子どもの反抗に対する望ましい対応を考える場合、つぎに考慮しなければならないことは、子どもの反抗といってもその奥にある子どもの心理は様々だということです。ということは、同じ「いやっ」ということばでも前にみましたように、自分で思うようにしたいのだという自立的な欲求の現れだとは限りません。そこで次に、反抗期の子どもの心理についても少し細かくみた上でその対応を考えることにしましょう。

大きく分けて、三つに分けることができます。一つは自立的な心理からでてくる反抗、次は依存的な心からでてくるものです。そしてもう一つは自分の欲しいものを得られない不満からでてくるものです。

まず、自分で何でもしてみようとする自立的な動機からくる反抗の場合のことです。この場合の反抗は、多くは子ども可愛さからくる親の過保護や過干渉などによって、逆に助長されてしまうことが多いのです。この場合の反抗は「お母さん、ぼく（わたし）もうひとりで出来るよ。ひとりでしたいんだよ」というサインですから、むしろこれを喜んで受け入れ、積極的に励まし、見守ることを望みます。ところが、子どものしたがることには往々にして危険を伴うものもあります。原則としては、危険のないように見守りながらさせてやる方がよいと思いますが、明らかに危険なときには、わからないまでも事情をよく説明して止めることも必要です。そして、この場合の反抗に対しては、子どもがいかに泣き叫ぼうとも絶対に譲らないことが大切です。ただし、暴力で制止することはさけるべきだと思います。このように、いつもはやさしい親が場合によって厳として譲らないことがあるのだという体験的経験は子どもにとって大切なしつけになっています。

ところが、危険に思えるものの中にもやらせてみてもいいものもあります。たとえば、お母さんがハサミを使っているときなど、そばで興味深そうにみていた子どもがハサミを使いたがるような場合です。そんな時には、子どもの手にちょうどいいくらいのハサミを与えてみるといいと思います。そばで見守っていることは必要ですが、不器用ながらも一所懸命に取り組むはずです。そして意外に早くハサミ使いが上手になるものです。

さて次は、依存的な反抗についてみてみましょう。お母さんのいる部屋で子どもが夢中で遊んでいるとします。子どもがふと気がつくと、いたはずのお母さんの影が見えません。子どもはとたんに不安感に襲われます。お母さんの方は洗濯のことを思いついてお風呂場の脱衣室にある洗濯機のそばにいます。「ママ、ママ」と叫びながらお母さんをさがしていますが、洗濯機の騒音でお母さんには聞えません。子どもはますます不安をまして泣き叫びながらお母さんをさがします。やっとのことでお母さんに声がとどき子どもの前にでてきました。すると、子どもはお母さんの膝に抱きついて激しく泣き続けます。お母さんは困惑しながら「お母さんはここにいるじゃないの、お母さんは忙しいんだからあっちで遊んでいらっしゃい」といいます。子どもは「イヤダ、イヤダ」といってお母さんのそばを離れようとしません。

このような場面でお母さんの行動は二つに分かれます。

あるお母さんは聞き分けのない子どもの姿に腹立たしくなり「ほんとに聞き分けのない子ね。そんな聞き分けのない子、お母さんは嫌いよ。さあ、あっちに行って遊びなさい！」のように拒否的な態度をとります。このような場合、子どもは納得せず反抗的になって、お母さんをますます困らせることになるでしょう。

別のお母さんは、「そう、お母さんが急にいなくなったので心配になったのね。〇〇ちゃん。ごめんね」などといいながら、腰をかがめて抱きしめてやります。子どもはちょっとだけすすり泣いた後すぐに機嫌をなおし、お母さんの笑顔にニッコリとします。そこでお母さんはいいます。「お母さんはここで洗濯しているからね。済んだら○○ちゃんのところにいくから、それまでひとりで遊んでいてね」といいました。

子どもは「ボク（ワタシ）、おりこうさんでしょ。だからひとりで遊べるよ」といいながら元の部屋へ帰っていきます。

どちらのお母さんの対応がいいと思いますか。三歳前後の頃の子どもは突然不安な状態におかれたりしたとき、不安から逃れるために愛着の心が頭をもたげます。これは単に甘えているのではありません。このような過程を経てだんだんと自立していくものです。

さて、依存的な反抗としてちょっと変わったものがあります。それは、下に弟や妹が生まれたときによく見られるものです。

お母さんが赤ちゃんのおむつを換えていますと、上の子どもがやってきてお母さんにしなだれかかったりして邪魔をします。「だめっ、だめじゃないの、邪魔をしたら、あっちに行きなさい！」ついお母さんの声がきつくなります。このようなとき子どもはさまざまな反抗的な姿を示します。「あなた、お兄ちゃんでしょ！」といえば「ボク、オニイチャンジャナイヨ」などといって、時には赤ちゃんに暴力を振るったりすることもあります。

この外、これまでに、食事の習慣が自立していたにもかかわらず、急に哺乳びんを要求したり、おしっこを漏らすようになっておむつをしたがったりといったような〝赤ちゃん返り〟といった退行現象を示すこともあります。

赤ちゃんが生まれるまではいい子であった上の子が、どうしてこのような行動をとるのでしょうか。こんな子どもは叱れば叱るほどかえってこのような傾向を助長することになりがちです。こんな時、お母さんやお父さんは上の子の気持を分かってあげねばなりません。そのためにはこの子どもの立場になって考えてみることです。

ではどんな心の状態なのか考えてみましょう。お母さんのお腹に赤ちゃんが宿って、お腹がだんだんと大きくなってきます。それと共に上の子は以前と同じようにお母さんに甘えることが出来なくなります。ちょっと荒々しく飛びついたりすると叱られます。どうして叱られるのかよくわかりません。いよいよ出産という頃には、この子どもはお母さんから離れて暮らすことを強いられることになります。とにかく、今までに味わったことのない、さびしさやとまどいの体験をすることになり不安がいっぱいです。

そうこうする中に赤ちゃんが生まれ、家の中のようすが今までとはがらりと変わりました。

お母さんはいつも赤ちゃんと一緒で、お乳を飲ませたりおむつを換えたりで、赤ちゃんにかかりきりです。上の子もまだ甘えたい気持がいっぱいあるのにそばに行くと「あっちに行って静かにしていなさい」などといわれてしまいます。要するに、お母さんは以前のように、自分だけにやさしくしてくれていたお母さんではないのです。それに何かにつけて、「お兄ちゃんでしょ、だから我慢しなさい」などと言われ、なにか損することばかりです。そういう時にだけ使われる〝おにいちゃん〟ということばは大嫌いです。そこでつい〝おにいちゃんじゃないよ〟と反抗的なことばがでてしまうのです。ただ、何とかして昔のやさしいお母さんにかえって欲しいと願うだけなのです。

　このような、上の子の切実な願いに親が気づかないと、子どもは意識的にまた無意識的にさまざまな好ましくない行動をとることになるのです。そこで、上の子が傍《そば》にきたときなど、まず嫌な顔をしないことです。むしろ、笑顔でしっかりと子どもをみて、歓迎する気持で短い時間でもしっかりと抱いてやるな

ど愛情を示してやればいいのです。時には、折角《せっかく》与えられている両膝ですから、一方に赤ちゃんを、もう一方に上の子を抱いて二人への愛情を同時に示すような工夫もいいと思います。そして、上の子に「赤ちゃん、かわいいでしょ。あなたお兄ちゃんになったのよ」などと愛情を込めて語りかければ、上の子は何となく〝おにいちゃん〟ということばの意味を理解し納得するでしょう。

反抗の要因となる三つめは、自分の欲しいものが得られない場合のことです。

その一つには、生理的な欲求によるものがあります。たとえば、おなかがすいた時やねむい時などでは、子どもが何となくいらいらしていますので、反抗的になりがちです。こういう時の対応はいうまでもなくそれぞれの生理的欲求を満たしてあげることでしかありません。

そのほか子どもたちは次のようなときに反抗的になりがちです。まず、その子が持っているものを子どもの意志に反して取り上げられたりしたときです。たとえば、夢中になって遊んでいるときにお母さんから食事の時間になったことを告げられます。ところが子どもは遊びに夢中でやめようとしません。そのようなときお母さんが、「何べんいえばわかるの！」といいながら遊具を取り上げるとします。子どもは遊びを中断されたことと、遊具を取り上げられたことで反抗的になるでしょう。このようなときの対応について考えてみましょう。

この場合のお母さんは、何度も声をかけているのにやってこない子どもにいらいらを募らせ、ちょっと感情的になっているようですが、もう少し穏やかな気持で子どもに接しられたらいいのではないかと思います。なぜなら子どもは遊びなど興味のあるものに夢中になっているときには、お母さんの声を上《うわ》の空で聞いていることがよくあるのです。そのような子どもの心を理解しないで、親が一方的に対応すると無用の反抗を招くことになるのです。

自立へのみちすじ

〝自立〟ということばは子育て中のお母さん方にとっては大変魅力的なことばです。なぜなら、子どもが自立し、自分の手から離れて一日も早く自由を得たいと願っているからです。では自立させるにはどうしたらいいのでしょうか。

ずいぶん前のことですが、三歳前の男の子をもつお母さんから電話での相談がありました。大都市の郊外にある新興住宅地に転勤してきた夫婦と子どもの三人家族の奥さんです。近くにちょっとした公園があって、そこに子どもを連れて遊びに行くのです。その公園に同じくらいの年頃の女の子を連れてくるお母さんがあり、いつとはなしにいろいろとお話しするようになったそうです。

その女の子は非常に活発で、母親には無関係に勝手気ままに遊んでいるのです。うちの子はといえば、いつも母親のそばを離れず、すぐそばにあるトイレに行こうとすれば、遊びを止めてついてくるというのです。いくら、すぐそこにいるのだからと説明してやってもわかってくれないといいます。

その姿を見ていた相手のお母さんが、「あなた、ちょっと構い過ぎじゃないの。甘やかしてたらだめよ。もっと突き放さなくちゃ」と言われたのだそうです。なるほど、相手の子どもの勝手気ままに遊んでいる姿を見ると、そうかなと思うんですが、自分の中では、ほんとに突き放していいのかなという疑問も残るんです。どうしたらいいのでしょう。という相談でした。

その時、私は次のようなお話をしました。

ともすると、甘え（愛着）を突き放す（拒否）ことで自立できるようになると単純に考える人がありますが、そんな単純なことではありません。自立と愛着の関係を対極《たいきょく》するものとして考えることはできないのです。自立していく行動や心の奥にしっかりした愛情の絆（愛着）が根を張っていなければ、本当のしっかりとした自立はできないこと。

そして、このような「愛着」という大切な心を育てないままで、子どもを早く自立させせようとして突き放し（拒否的態度）たりすると、子どもを非常に不安な状態（分離不安）におちいらせることになり、かえって自立を妨げることになりかねないおそれがあることを話しました。

ではどのようにすれば、自立できるようになるのでしょうか。

これについては、前述したアメリカのハーロー博士の子ザルを使った実験を例に説明しました。

子ザルは危険を感じるとすぐに布製の代理母親に抱きついたのですが、そこで恐怖心を癒され、自信と勇気を回復してそろりそろりと降り、怪物（オモチャのクマ）にちょっかいを出して危険かどうかを探索し、とうとう怪物を遊び道具にしてしまったこと。人の子どもも同じように、他から迫ってくる危険を感じるとお母さんにだっこを要求すること。お母さんは子どもにとって、いざというときに自分を守ってくれる安全基地としての大事な役割を果たしていること、などを話したものでした。

そして、公園で子どもを遊ばせているときなど、見知らぬ人がそばに来ると母親にしがみついていた子どもが、やがて、見知らぬ人に対する母親の顔色を見て、危険と思われる変化がなければ安心して遊びを続けられるようになること。そのうち、子どもの遊んでいるところより少し離れているベンチに母親がいても見えるところにいれば安心できるようになり、さらに、母親がちょっと用事でそこを離れる場合でも、行き先を告げられて納得すればその場にいなくても不安を感じないようになります。こうして、徐々に母親から離れていって、やがて母親から自立していくものです。

ところが、このような自然な自立の道すじで気になることがあります。それは、子どもの側のことではなく、母親など大人の側の問題です。ともすると、お母さん方の中には、子どものことを心配で放っておけない、ついつい手出しをしなければ気が済まない人があります。いわゆる過保護・過干渉の養育態度をもつ人のことです。このような子どもへの関わりは子どもの自立を妨げることになります。かといって、子どもの甘え（愛着）を大事にしてやらねばならない頃にそれを許さず、子どもを拒否や放任状態においておくことは好ましくありません。後に問題を残すことになるものです。

したがって、自立を促す親の望ましいあり方としては、愛着から自立していく道すじを理解して、子どもの成長していく姿を頼もしく見守りながら、不要な手出しをしないという賢明な態度が求められます。

母親の電話の相談に対して、以上のようなお話をしたものでした。

それから一年くらい経《た》った頃、この母親からその後のことについて電話がありました。子どもも四歳近くになって、近所に友達になるような子どももいないため、二年保育の幼稚園に入れた方がよいのではないかと考え、夫婦で相談の上、そのことを子どもに話しました。すると、子どもも行きたいというので、数日後、子どもと一緒に幼稚園をそれとなく見に行きました。先生に事情を話し、園庭で遊ばせてもらったところ、子どもが大変気に入ったようすなので、すぐに入園手続きをしたのだそうです。

いよいよ、入園の日を迎え、母親同伴で入園式に行ったそうです。そして翌日からは幼稚園から迎えのスクールバスがくることになったそうです。ところが、母親の方はこの甘えん坊の子がひとりでバスに乗って行けるのだろうかと心配になったといいます。

翌日、母親は子どもを連れて、指定された近くのバスの停車場所に行きました。やがて、バスがやってきてドアが開くと、子どもは母親の顔も見ずに「バイバイ」といって乗り込んでしまったそうで、母親の方がなにか心寂しい思いをしたのだそうです。その時、しみじみと子どもの自立を実感したといいます。その喜びを電話で知らせてきたのでした。

第四章　子育てと仕事の両立のために

女性の社会進出

子どもを取り巻く子育ての環境は、近年急速に変化しています。まず、おじいちゃんやおばあちゃんと一緒の家庭は非常に少なくなりました。それに反比例して、お父さんとお母さんと子どもというい わゆる核家族家庭がほとんどという状況になっています。したがって、かつてはお母さんが働いている場合、子どもはおじいちゃんやおばあちゃんが面倒をみるという姿がよく見受けられたものですが、今では少数派になっているのが現状です。

一方で、前にもふれたことですが、女性の社会進出がめざましく、職場で男性と肩を並べての仕事に生き甲斐を感じる人も急速に増加していますし、最近の大変厳しい社会状況もあって、経済的な事情から共働きを余儀なくされるケースも増加しているようです。また、さらに若い夫婦の離婚増加も加わって、母子家庭となったお母さんの就労も増えています。なお、最近の若い夫婦の離婚では、赤ちゃんを夫の方に託すというケースもあるようで、この場合は父子家庭の子育てということが問題になります。

このような、変貌する社会状況の中では、誰が責任を持って子育てをするかという重大な問題が生じます。これまでに述べてきました子育てのあり方では、三歳くらいまでは、お母さんが直接子育てに当たることが一番自然であり、大切であるということをのべてきましたが、今の社会状況の中では、残念ながら、子育て環境の変化に対応できないおそれがあると思われます。

したがってここでは、これまでに述べてきました子育てのあり方を基にしながらも、さまざまな状況での子育てについて、ささやかな助言を試みたいと思います。

保育所と幼稚園

乳幼児期の子ども達が主にどこで過ごしているかについて、「国民生活基礎調査」（一九九八年）でみてみますと、全国的には、三歳未満の子どもの場合、七割が家庭、一割強が祖父母などの親族のところ、二割強が認可外を含む保育所です。そして三歳になると幼稚園が利用可能となる関係で、幼稚園で過ごす子どもが現れます。また、四歳児をもつ家庭の場合、二割が家庭、一割が祖父母、三割が保育所、そして四割が幼稚園を利用しているようです。

このデータでみますと、四歳までの子どもの場合、過ごしている場所は家庭が主であり、次に保育所・幼稚園やその他の外部サービスなどの集団保育の場所を利用しているようすがみられます。

しかし、別の資料によりますと、東京都のような場合、〇歳児で保育所（無認可を含む）で保育されている子どもが5.4％あり、一歳児では15.6％、二歳児になると21％、三歳児では32％と急増するようすがみられ、三歳未満児の保育所利用は合計42％、三歳児を含めるとなんと63％にもなります。

このように、赤ちゃん時代から子どもを保育所などに保育をゆだねる傾向は、最近では都会だけでなく地方にも急増する様子が見られます。そこで、ここでは保育所や幼稚園を利用するときのことについての情報を提供しようと思います。

まず、保育所と幼稚園はどこが違い、どんな特色があるのかについてみてみましょう。

保育所のこと

最初に保育所についてですが、保育所（園）は児童福祉法（第二四条、第三九条）に基づいて設けられる施設で、保護者の労働、疾病その他の事由で、乳児、幼児の「保育に欠ける」という要件に合致した場合に限り利用できることになっています。そして、その「保育に欠ける」状態の判定は、市町村の裁量になっていますので、自治体は国が示した基準をもとに要件を指数化するなどして、申し込みのあった家庭ごとに「保育に欠ける」度合いの段階をつけて認可保育所（公立のものと民間の社会福祉法人などによって運営されているものがある）への入所決定を行います。また、保育所利用の要件は満たしていても、施設の定員や設備などの関係上そのまま入所できない子どももでてきます。このような子どもは〝待機児童〟と呼ばれますが、自治体によってはこのようなとき、抽選などの方法を用いて利用できる子どもを決定しています。

さて、最近ではこの待機児童の多さが課題となっています。一九九九年年（平成一一）四月には全国では約四万人、東京都では約一万人が待機児童として報告されています。ところで、一方に仕事をもっていて保育所への入所を希望しても、「保育に欠ける児童」という基準に合致しないと判断される場合があります。たとえば、週に三日だけのパート勤務の場合や一定しない変則的な就労をしている場合などでは、保育の必要があると判断されないこともあります。また、頻繁《ひんぱん》に残業や出張などがある職種では、保育所サービス（通常、保育時間は八～十一時間）だけでは子育てと仕事の両立が難しいという場合もあります。さらに、日常的には家庭で保育している母親でも、子育てを一時的に代替してもらいたいことが生じる場合があります。このようなとき、それにすぐ対応できる緊急保育や一時保育が可能であることが望まれます。このように、認可保育所を利用できない場合にそれを代替し、補っている施設が、民間企業や個人が経営している「認可外保育施設」です。通常「無認可保育所」と呼ばれている施設です。

この認可外保育所を利用する理由でもっとも多いのは、〝認可保育所に申請したが利用できなかったから〟というものですが、もっと積極的に利用する理由としては〝認可保育所に比べてサービスの種類が多く柔軟だから〟というものです。たとえば、夜間保育や休日保育、一時間単位の託児サービスなどのほか、産休明けや育児休業明けで保育所の途中利用ができないときなどのような場合に利用しやすい施設です。ですから、多少料金は高くても、何かにつけてやや硬直的な認可保育所に比して、利用者の要望に柔軟に対応してくれる認可外保育施設を選択することもあるのです。

このように、母親の就労状況が多様化する中で子育てと仕事の両立をたすけ、また、核家族で周囲に共助関係の希薄な状況のなかで、家庭で懸命に保育に当たっている母親の支えとして、役立っている認可外保育所ですが、中には子どもの保育にふさわしいとはいえない生活環境の中で、無資格の保育者による保育が行われていたりする施設もあり、時に、マスコミで報じられるような、痛ましい施設内での死亡事故や虐待などの不幸な出来事が起こることもあるというのが実情です。したがって、保護者はその利用に当たっては、大切なわが子を預けるのに十分な施設（保育者を含めて）であるかどうかをよく確かめて利用手続きをしなければなりません。

また一方、監督官庁としては、今後、認可外保育所が、託児する親の利便さのみを強調して、利益追求を目的に入所を勧めることのないよう監督し、なによりも、乳幼児の心身の健全な発達に視点をおいた施設の改善や保育者の質の向上などを促進する指導・育成を早急に進めねばならないと思います。

なお、従来の認可保育所も、後で詳しく説明しますが少子化や就労女性の増加などの社会の大きな変化に対応する必要から、「エンゼルプラン」「新エンゼルプラン」などの子育て支援のための施策が出され、これまでとは異なる利用しやすい保育所運営がなされようとしていることを付け加えねばなりません。

幼稚園のこと

さて、つぎは「幼稚園」ですが、保育所が児童福祉法に基づく厚生労働省所管の施設であるのに対して、幼稚園は学校教育法に基づく文部科学省所管の幼児教育施設です。幼稚園の目的を学校教育法（第七七条）には「幼稚園は、幼児を保育し適当な環境を与えて、その心身の発達を助長することを目的とする」と書かれており、入園資格（第八〇条）は「幼稚園に入園することのできる者は、満三歳から、小学校就学の始期に達するまでの幼児とする」とされています。昭和二三年の当初は五歳児を対象とするもの（一年保育）が多かったようですが、昭和三〇年代半ばころから四歳児の入園を促す二年保育がすすめられ、昭和四〇年代半ば頃から三歳児の三年保育が加わってきました。現在では、公立幼稚園の場合、地

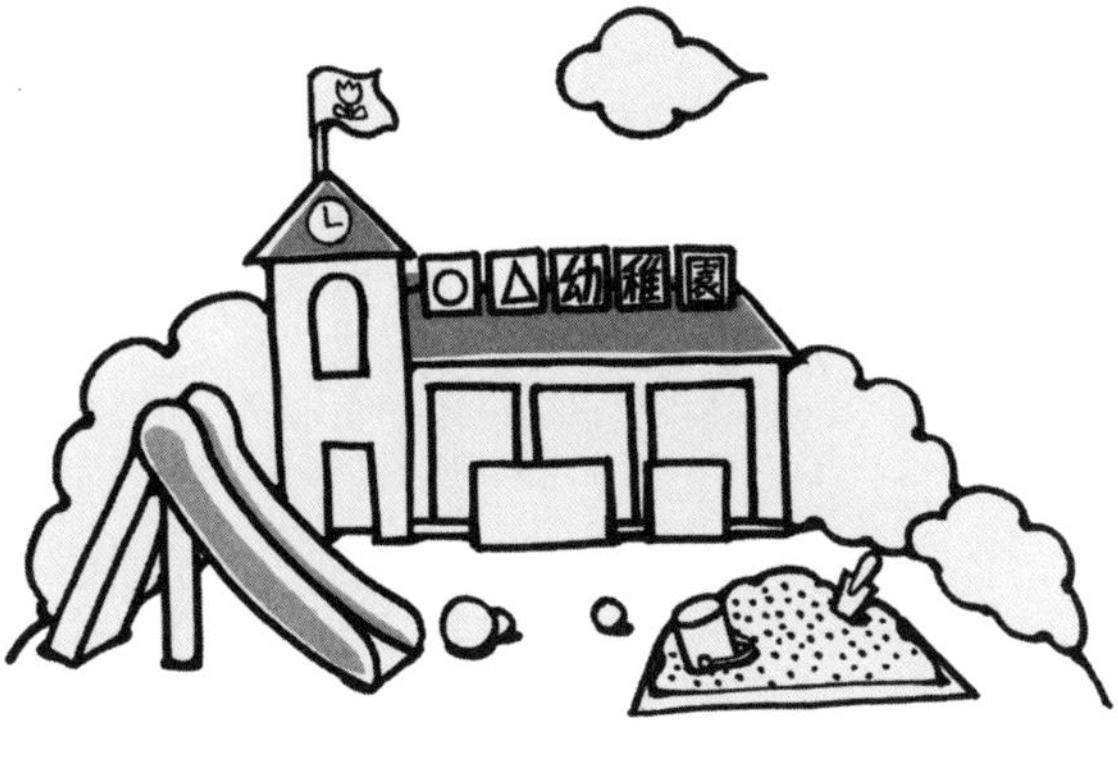

方では五歳児の一年保育が比較的多く、都市部では四歳児からの二年保育を実施しているところが多いと見られます。そして、三年保育は少数となっているようです。これに対して私立幼稚園では、ほとんどが三歳児から受け入れる三年保育を行っているようです。

現在、公立幼稚園でも四歳児や三歳児からの保育を要請される状況はありますが、公立と私立が併存する地域では、急速に進んできた少子化現象のなかで、これまで低年齢児保育で先行してきた私立幼稚園の経営に影響するという、いわゆる民業圧迫の懸念から実施は困難な状況にあるとみられます。

ところで、幼稚園はもともと幼児教育の施設ですから、一日のうち四時間を基本として子どもを預かり、国の定める「幼稚園教育要領」によってなされる組織的な教育の場です。したがって、子どもが日中ほとんどを過ごすことになる保育所（園）とは大いに異なるわけです。子どもは朝一定の時間に家庭から通園し、一定の保育時間が終われば、また家庭にかえるというのが一般的な子どもの過ごし方になるわけです。そこで、子どもを幼稚園にやるには母親が家庭で保育しているか、おじいちゃんやおばあちゃんのいるような家庭でなければ利用しにくい施設なのです。

ところが、近年、幼稚園を利用している家庭の場合でも、母親が何らかのパートやアルバイトをしている人や、できれば仕事をしたいという人が多くなっていますので、保育所に子どもを預けて仕事をしている母親と同じようなニーズをもつ、在宅育児をしている母親が多くなってきました。このような状況の中で、前述の「新エンゼルプラン」などの施策の後押しもあって、今、幼稚園の機能も徐々に変わろうとしています。特に、私立幼稚園では少子化への対応が経営上さけられない問題となっていることもあって、保育サービスへの参入の動きがでてきました。一九九七年（平成九年）の調査によると、50％弱の私立幼稚園で「預かり保育」（幼稚園在園時間が平均五時間以上の場合をいいます）を実施していることが報告されています。また、保育所の少ない地域では「送迎バス」や「給食」を実施するなど懸命の経営努力がみられます。このように、幼稚園もまた変革の時期を迎えているのです。

新エンゼルプランについて

平成一三年六月に厚生労働省が発表した二〇〇〇年人口動態統計によりますと、合計特殊出生率（ひとりの女性が生涯に生む平均の子どもの数）が一・三五人であることが報告されています。このような少子化現象が将来にわたって続くとしたら、今後のわが国の発展にとって大きな影を落とすことになるだろうということは今更いうまでもないことでしょう。

このような少子化状況を打開するために、平成一一年一二月一九日に、当時の大蔵・文部・厚生・労働・建設・自治の六大臣の合意のもとに、少子化対策の具体的実施計画として策定されたもので、正式名称は、「重点的に推進すべき少子化対策の具体的実施計画について」と言われているもので、これを「新エンゼルプラン」とよんでいるのです。

この施策の概略を説明してみますと、この施策の目標としているものは、(1)保育サービス等子育て支援サービスの充実、(2)仕事と子育ての両立のための雇用環境の整備、(3)働き方についての固定的な性別役割分業や職場優先の企業風土の是正、(4)母子保健医療体制の整備、(5)地域で子どもを育てる教育環境の整備、(6)子どもたちがのびのび育つ教育環境の実現、(7)教育にともなう経済的負担の軽減、(8)住まいづくりやまちづくりによる子育ての支援、の八分野があげられています。

この目標の内容として、乳幼児の保育サービスではどのようなものが盛り込まれているのでしょうか、主なものをみてみましょう。

(1)「保育サービス等子育て支援サービスの充実」では、

i　低年齢児（〇～二歳）の保育所受入れの拡大
ii　多様な需要に応える保育サービスの推進
・延長保育、休日保育の推進等
iii　在宅児も含めた子育て支援の推進
・地域子育て支援センター、一時保育、ファミリー・サポート・センター等の推進
iv　放課後児童クラブの推進
（5）「地域で子どもを育てる教育環境の整備」
ii　地域における家庭教育を支援する子育て支援ネットワークの整備
・家庭教育二四時間電話相談の推進等
iv　幼稚園における地域の幼児教育センターとしての機能等の充実
（7）「教育に伴う経済的負担の軽減」
ii　幼稚園就園奨励事業等の充実

このような国からの働きかけの結果、ともすると硬直的と批判のあった認可保育所（特に公立）や幼稚園にも、以前にはみられなかった子育て支援の新しい事業への取り組みがみら

れるようになってきました。

たとえば、認可保育所では〇～二歳の低年齢児の受け入れが積極的に行われるようになってきつつありますし、延長保育や休日保育も柔軟に行われるようになっています。また、改訂保育所指針（平成一二年四月）が施行され、それによって〝保育所の独自性を明確にしながら幼稚園教育要領に基づいて幼稚園教育と同等の教育を保障する施設とする〟ことが求められています。

一方、幼稚園でも前に触れましたように保育時間を保護者の要望によって延長する〝預かり保育〟を実施する園が私立幼稚園を中心に増えているなど、保育所（園）的色彩が濃厚になりつつあります。

このように保育所（園）と幼稚園の機能が非常に似通ったものになろうとする動きを「幼保一元化」と言います。そして保育所と幼稚園を同じ敷地内に設けて、教育のための時間は幼稚園で過ごさせ、その他の保育は保育所で過ごすということも現実のものになりつつあります。

在宅育児の支援動向

さらに、この新エンゼルプランで求めている施策の中で、特に、家庭で子育てをしているお母さんの支援を目的としている事業で注目されるものがあります。「保育サービス等子育て支援サービスの充実」のⅲ〝在宅児も含めた子育て支援の推進〟です。この中にある〝地域子育て支援センター、一時保育、ファミリー・サポート・センター等の推進〟は、現在すでに各地の認可保育所や幼稚園が「地域子育て支援センター」としての取り組みを始めています。保育所の保育士や幼稚園の教諭で有能な人が相談に応じることや、子どもを一時的に預かる一時保育や預かり保育も気軽にできるようになりつつあります。あるいは、保育所や幼稚園の方から、家庭で子育てに専念しているお母さん方に声をかけて、施設内の部屋を提供して、お母さんたちの交流の場としたり、子育ての情報交換の機会としたり、親子で楽しく遊んだりするような、過去にはあまり見られなかった事業も行われるようになってきました。

また、(5)「地域で子どもを育てる教育環境の整備」のⅱ〝地域における家庭教育を支援する子育て支援ネットワークの整備〟では、地域の中で、家庭で子育てをしているお母さんや働きながら子育てをしているお母さんを支えていこうとするもので、家庭で相談相手もなく困っているお母さんたちを対象に呼びかけて、子育て真っ最中のお母さんたちのグループを育てようとする活動、あるいは、五〇歳代から七〇歳代のような中・高年の人たちが、ボランティア活動として、核家族化、少子化の中で、子育てに奮闘する親たちを支援するため、親子に呼びかけ、交流活動を始めるケースのようなものもあります。

さらに、家庭教育二十四時間電話相談の推進というように、子育て中のさまざまな問題、悩み、ストレスなどを解消するための支援事業も進められようとしています。

これまで、最初に、従来の保育所や幼稚園のおおよその状況について説明し、つぎに、国がさしせまる少子化対策として打ち出した、仕事と子育ての両立をねらいとする「新エンゼルプラン」を紹介し、さらに、その施策によって、今、保育所や幼稚園、それに地域の子育て支援環境がどのように変わりつつあるのかをみてまいりました。

こうしてみますと、子育てと仕事の両立に悩んでいるお母さんはもちろんのこと、在宅で子育てに専念しているお母さんにとっても、これからは何かにつけて、大変便利な子育て環境になって来ようとしていることがわかります。そこで、このように利用しやすくなっていこうとしている保育所や幼稚園、あるいは、地域の子育て支援のための事業や活動などをどのように利用し、活用していけばよいかについて考えてみようと思います。

筆者は、この項を執筆するに当たって、ある保育所を訪問し、保育の現場を見学させていただくと共に、所長さんから、新しい子育て支援の事業への取り組みを始めた上でのお話を聞かせてもらいました。

この保育所は民間の認可保育所ですが、〇歳児から就学前の子どもまで、六十人の幼児を保育しています。〇歳児は別棟の明るい部屋で八人の乳児が三人の保母さんの世話で健やかに育っているようすでした。また、その他のクラスでは子どもたちが集団生活になじんでいて楽しい生活ぶりがみられ、中には年齢以上の発達を感じるようなこともありました。そして、このようなよい保育環境の中で育つ子どもの、明るい、幸せな姿にほっとするものを感じたものです。しかし、一方で筆者自身の子どものころのように、多くのきょうだいの中で育ち、貧しい家計の故に幼稚園にも行かずに、近所の子どもたちと日が暮れるまで遊んでいたころの自分と、この子どもたちとどちらが幸せなんだろうと思わせられたことでした。

さて、この保育所では、すでに「新エンゼルプラン」にしたがって、延長保育や休日保育なども取り入れて実施しており、休日を利用して、在宅保育の母親に呼びかけて、子ども連れで集まってもらい、子どもを園で自由に遊ばせながら、子育てを話題に、母親同士の情報交換をしたり、日常的に所長さんが母親の個別の相談に応じたりしています。

見学の後、所長さんと親しくいろいろお話をする機会を得ました。その中で、職員みんなで、よりよい園の経営を目指して、さまざまな工夫をしながら、努力しているものの、新しいことに取り組めば取り組むほど経営上のさまざまな問題が生じてくることを話されました。そしてその後で、もっともっと大きな問題だと思うようになったことは、保育所を利用するお母さんたちの子育ての態度だといわれました。

お母さんたちの日常的なことばや態度を見ていると、自分たちがこうして一所懸命に、健全な子どもに育てようと努力しているだけで、子どもは本当によく育つのだろうかという疑問を抱かせられるというのです。

たとえば、ある母親は、まだ目覚めていない子どもを布団にくるんで車に乗せ、子どもの片方の手にはパンを、もう一方にはバナナをもたせてやってくるのだそうです。また、予約時間をはるかに超えて、子どもを連れに来ないので、不審に思い家に電話したところ、「あっ、忘れてた」といい、夫婦でビールを飲んでいたと悪びれもせずにいったという母親もあるのだそうです。そして、子どもを連れに来たときに「すみません」とか「ありがとうございます」のような挨拶のできない母親も多くなっているといいます。

さらに気になることは、時間に遅れてきても、子どもに対して「遅くなってごめんね」な

ど と、まず、ことばをかけて、やさしく抱いてあげられない母親もあり、子どもの気持をわかってない母親に憤りを感じることもあるのだそうです。

そして、〇歳児の中には母親が連れに来ると、保母さんの着物を引っ張って離さず、母親の方に行こうとしないで「ここであそびたい」という子どももあるといいます。

また、これは以前に別の保育所で出会ったことですが、〇歳児保育の部屋で最年少の四ヵ月児がベビーカーに上向きに乗せられていて、筆者が、声をかけながら笑顔で顔を近づけますと、目をぱっちりと開いてはいるものの、ただ無表情に見つめるだけという子どもに出会いました。その輝きの感じられない目に、前述のサイレントベビーのようすが重なり、なにか痛ましいような感じをもたされたこともありました。

こうしてみてきますと、少子化対策のために〝子育てと仕事の両立〟と〝在宅児も含めた子育て支援〟をめざして実施されている「新エンゼルプラン」はいったい誰のために計画されたのだろうかと考えたくなります。

識者の中には、このプランは「親の都合ばかりが優先されている」あるいは「親の福祉か子の福祉か」という意見もでてきます。右の例はまさにその悪い例で、家庭の親がこのような制度を正しく、活かして利用しないことには、ほんとの意味での子育てと仕事の両立もないし、二一世紀を生きるすばらしい人格を備えた子どもを育てる子育てにもなるはずがありません。

問われる心の姿勢

では、どのようなことを心がけて、このような施設や施策を利用したらいいのでしょうか。

近年、母親の就労が子育てに及ぼす影響について発達心理学的な立場から、世界的にさまざまな研究がなされてきています。結論的にいいますと、この問題は、母親が乳幼児期に子どもを預けて仕事をすることが、必ずしも子どもにとって害があるとは一概にはいえないし、また、母親が家庭で子育てをしさえすれば、子どもは問題なく育つのだとも単純にはいえないということなのです。

前に三歳まではできるだけ母親が育てる方がよいということをいいました。これを「三歳児神話」といって否定するような意見も出てきています。では、年齢に関係なく一歳にも満たないころから赤ちゃんを他人に預けていいというのでしょうか。それには問題があると考えているようです。なぜなら、それは、基本的にはこれまでに述べてきました、愛情に満ちた母子関係を通じて、しっかりとした母と子の愛情の絆（愛着）が根付くもっとも大切な時期であるからなのです。その大切な時期に、朝早くから夕方遅くまで、乳児期の子どもを保育所に預けるとすると、前の例のように、愛着の対象が母親でなく、やさしく世話をしてくれる保母さんになって、母親との愛着が育ちにくいことになったり、ことによっては、周囲でいっしょに世話をしてくれる複数の保母さんに愛着の対象が拡散して、母親のようなひとりの人に、しっかりと一貫した愛着をもてないために、どんなときにも安心して身をゆだねられる安全基地（安定感）も持てず、基本的信頼感も育ちにくいことになる可能性さえあるといいます。しかし、このような母親との愛着（愛情の絆）がしっかりと育った段階であれば、仮に三歳以前であっても子どもの発達の上で障害にはならないというのです。

ところが、フルタイムで仕事をしている母親で、仕事の関係で早い時期から子どもを長時間預けている場合でも、子どもの発達には障害なく、家庭育児の子どもたちと同じように発達するという報告を詳細に見るとおもしろいことに気づきます。これには前提となる大事な要件があるのです。

その一つは、働く母親が、自分の母親としての役割を受容し、満足し、喜びをもっているかということだといいます。これを言い換えれば、前述のように、授かったこの大切な子どもに対して、愛《いと》おしさいっぱいで、うれしく、楽しく子育てにいそしむ姿のことだと考えられます。このような自覚を持っている母親は、恐らく、仕事は仕事で懸命にこなしながら、家庭に帰れば、愛しい子どもたちの顔に疲れを忘れて、子どもたちと精一杯楽しく、密度の濃い交流をもとうと努力することだろうと思います。この場合、子どもと接触する時間が多いか少ないかの量の問題よりは、比較的短い時間ではあっても、楽しい、喜びいっぱいの交流を持てているその質の方が問題だというのです。このことは父親においても重要だといわれています。父親には父親としての、子どもたちとの楽しい交流の時間を共有することが望まれ、このようなかかわりが、母親の役割を助けることにもなるということです。

ところが、最近の母親や父親の中には、このような自覚に欠ける親が比較的多いように思われます。そのような親たちは、子どもを保育所に預けて、子育てから解放され、自由な時間を親自身が楽しむことに費やすのです。その上で、保育所の保母さんの方が子育ては専門で、自分が育てるよりも、いい子育てをしてもらえるだろうと思うとしたら大変な考え違いです。また、最近、認可保育所でも実施されてきている〝休日保育〟の利用についてですが、働く親たちにとっての休日は、日ごろ子どもとの接触が少ないことから、子どもと楽しい交流をもつ絶好のチャンスなのです。にもかかわらず、この休日保育を利用して子どもを預け、自分たちの遊びの時間に使う心ない親もあると聞きます。「新エンゼルプラン」は何のためのものでしょうか。施策の悪用というしかありません。

つぎは、働く母親が子どもの養育を誰にゆだねるかという問題です。預かってくれる人の安定と質がもっとも大切だといわれています。その時に、託児に適切な人として挙げられているのは、もし可能ならば、子どもたちに親と同じような深い愛情と子育て経験を持つ祖母がもっとも適任ではないかといわれます。しかし、今日のように核家族化した中では、容易にはかなえられないことですから、必然的に保育所などに預けるしかありません。もし、このように保育所などへの託児が必要となった場合は、これまでに見てきましたようなことを参考にしながら、自分に代わって、就労中の子育てを安心して任せることのできる施設（人）を注意深く、選択しなければなりません。かりそめにも、子どものためより、自分勝手な条件を優先しないようにしなければなりません。大事な子どもの健全な発達を障害するようなことにでもなれば、悔やんでも悔やみきれないことになります。まさに「後悔先に立たず」ということになります。

また、延長保育が以前に比べ容易になって来つつありますが、子どもはお母さんのお迎えを心待ちしてがんばっていることを忘れてはいけません。

最近、アメリカ政府の委託で実施された、乳幼児の保育についての全国調査の結果が新聞報道されましたが、それによると〝保育園に預けられた時間が長い乳幼児は、言葉などが発達する一方、乱暴で反抗的に振るまい「利口だけどいやな子」になる傾向があるということが、米ミネソタ州ミネアポリスで開かれた教育専門家の会合で報告され、それが、米主要メディアにトップ級ニュースとして報じられて、米社会に大反響を呼ぶとともに、働く母親たちに大きなショックを与えた〟ことが掲載されています。さらにその中に〝週三十時間以上を保育園などで過ごした子どもの17％は、幼稚園に入る四歳半から六歳のころには乱暴に振る舞ったり、幼稚園の先生に反抗したりする傾向があり、週十時間以下の子どもでは約三分の一の６％が同様の傾向であった〟といいます。しかも、これは〝子どもの性別や家庭の経済環境、保育園の設備や質の差にかかわらず、保育時間との関係だけで攻撃的傾向に違いが出た〟というのです。週三十時間といえば一日五時間の保育時間ですから、わが国で通常保育している時間よりも短いことに気づきます。大いに参考にすべきだと思います。

在宅育児への助言

さて、つぎは在宅育児をしているお母さんへの助言を試みたいと思います。

お母さんが自分の手で子どもを育てる。これは自然界では当たり前のことで、お母さんの慈《いつく》しみの中で育つ子どもにとってこれほど幸せなことはないはずです。母親もまた、子育てを通じて子どもからさまざまなことを学ぶことができること、愛しいわが子をこの手で育てることのできる幸せを感謝し喜ばねばならないでしょう。

ところが、核家族化の進んだ現在では、子育てを喜びと感じることのできない母親もいるのです。たとえば、父親が子育てに無関心で、子育ては母親がすべき当然の仕事と考えていて、子どもと関わろうとしないような家庭では、母親が疲れ果ててしまうことがあります。そして、このような困った問題をもつ母親が、自分の悩みを訴える人も相談する人もないまま悶々《もんもん》とした日々を送っているような場合があります。また、初めての子育て経験で、つぎつぎと起きる子どもの変化にどのように応じていけばいいのかと戸惑うばかりなのに、周囲に気軽に相談できる人もないまま、それがストレスになって心理的に疲れてしまうという人もあります。このような母親たちから〝子育てのマニュアルが欲しい〟といわれるという話を聞くことがありますが、子どもは機械ではありませんからそのような固定的なマニュアルなどできるはずもありません。

もっとも困ることは、母親あるいは夫婦の社会的孤立化の中で起きる、愛しいはずのわが子をいじめ、あるいは、時に死にいたらしめることもある児童虐待の問題です。

かつて、子育てをするお母さんの母性は本能の働きであると、長い間信じられてきました。ところが、子どもを慈しみ育てるはずの母親や父親がわが子を虐待する〝児童虐待〟ということばが十年くらい前からマスコミに登場するようになり、最近ではほとんど毎日、新聞やテレビで報道されない日とてない状態にまでなっています。因みに、二〇〇一年六月の厚生労働省発表の記事によれば、一九九〇年度から一九九九年度までの全国の児童相談所に寄せられた子ども虐待の件数は、一九九〇年度に千百一件であったものが、一九九七年度には五千三百五十件、一九九九年度には一万千六百三十一件にもなり一九九〇年度の約十倍に、二〇〇〇年度には一万八千八百四件となり、なんと十年間に約十七倍になるほどに超加速度的に増加しています。しかもこれらの数は氷山の一角に過ぎないと言われているのです。このような状況の中で、二〇〇〇年に急遽《きゅうきょ》、「児童虐待防止法」(平成一二年一一月施行)が制定されましたが、その後もいっこうに減少の兆《きざ》しは見られず、予断を許さない状態になっています。

このように、家庭で母親が子育てをする中で起きるさまざまな問題は、現代社会の特徴である核家族化や都市化の中で、子育て中の家庭が地域社会から孤立化していることが原因だと考えられます。ひいては、このようなさまざまな困難が子供を産み育てることを厭《いと》う一因になっているという認識から、前に述べた「新エンゼルプラン」のような母親の子育てを支援しようとする施策が出されたのです。この施策によって実施されている、あるいはされようとしているさまざまな事業を上手に利用し活用することによって、子育てをより楽しく、容易にすることができると思われます。

ではどのように利用・活用したらいいかについてみてみましょう。

まず、地方公共団体が設置している「地域子育て支援センター」の利用です。設置されてない市町村もありますが、その場合、地域の認可保育所や幼稚園がその役割をもつよう指導が行われていますので、そこで遠慮なくどんなことでも相談してみるとよいでしょう。まだ整備の途上ですが、思わぬアドバイスやサービスが受けられるかもしれません。

また、市町村の公民館や教育委員会などの事業として、「家庭教育学級」や「子育てセミナー」のような在宅育児のお母さんを主な対象にした行事も開催されていますので、すすんで参加されることをおすすめします。そこに集まる人々はみんな子育て真っ最中の人ばかりですし、話題も共通的ですから、多くの人とお友達になれると思います。また、そこに招かれる講師もその道のすぐれた指導者ですから、子育てについての有益なお話を聞けるし、質問にも答えてもらえると思います。

さらに、最近では〝地域福祉〟が叫ばれるようになって、ボランティア活動として育児支援の活動も活発化しています。ある新聞に「活躍！　育児支援の中高年者」の見出しで掲載された一つの事例を紹介しましょう。〝O市内で、五十歳代から七十歳代の中高年者による育児支援の活動が活発に行われようとしている。子育てに懸命の親子に呼びかけ、交流活動を始めるケースが相次ぎ、核家族化、少子化の中で、子育てに奮闘する親たちを支援するだけでなく、地域や世代間のきずなを育てたいという願いとともに、中高年者の生きがいづくりも行動の源になっているようだ〟といくつかの活動事例が紹介されています。このような活動の中に親子で参加することが大変望ましいことだと思います。

つぎは、地方の小都市S市での母親同士の自主的な活動事例です。

〝毎月第一、第三月曜日の午前中、S市の保険福祉総合センターに元気な子どもたちの集団が現れる。どの子もはつらつと、友達と遊んだり、ケンカしたり。見守る母親は、おしゃべりを楽しむ。交流の場、遊びの場、ストレス解消の場と、さまざまな場所になっている。サークルは一九九九年二月に発足。就園前の子どもと母親が対象。「子どもの交流を図り、遊びを通じて発育・発達を促す」「母親同士の交流と子育ての悩みを話し合う」が目標。ときどき講義を通じて育児を学習する。としているが堅苦しさもなく「仲良く楽しく遊ぼう」と和気藹々《わきあいあい》。〟

また、別のサークルは〝S市児童館に集まっていた母親仲間が最初のメンバーで、県外で、母親や子どものサークルをつくった経験のあるMさんが呼びかけ人。「メンバーは県外出身者がほとんど。結婚や転勤できて、周りに相談相手がいなかった」とメンバーのひとりIさんはいう。活動を始めたころ、メンバーは七組程度だったが、口コミで輪が広がり、今では二十六組（子ども三十九人）までになった。サークルでは踊り、歌い、絵本を読む。メーンの遊びは体操やプレゼントづくりなど。時には電車で遠足など外にも飛び出す。「みんなが参加し、子どもと一緒に親も成長しよう」とメンバーが交代で絵本係や踊り係になる。〟

このような場に親子揃《そろ》って参加することは、母親自身にとって、心と体の両面のリラックスを得られ、有益な子育て情報を入手できる貴重な場であるとともに、子ども自身にとっても、家庭の中にきょうだいも少なく、近隣に子どももいないような環境状況の中で、子ども同士の楽しい遊びの場が得られるだけでなく、将来の人間関係の基礎となる、社会性の発達にとっても非常に貴重な経験をすることのできる場となるのです。また、お母さんと子どもだけの生活の中では、ともすると、母子ともに愛着の心が強すぎて、子どもはいつも母親のそばを離れられず、母親もまた傍《そば》に子どもがいないと心配になり、つい過保護になっているという場合があります。これではかえって子どもの自立を妨げることになりかねません。いわゆる、親離れ子離れのできない母と子という過度の愛着の状態を抜け出すためにもこのような社会的な場に参加することは大いに意味のあることだと思います。

親子揃って進んでこのような社会的な交流を持てる場に出ていくことをおすすめします。

第五章　形のしつけ　心のしつけ

幼児後期の子ども

三歳から六歳の子どものすがた

いよいよ、三歳から六歳までの幼児後期といわれる時期の子育てについて考えてみることにしましょう。この時期の子どもは、身体的にも心の面でも、親をはじめとする養育者を日々驚かせるほどに急速に発達しますので、その対応に悩まされることが多くなると思います。いわば、毎日が子育ての応用問題の連続だと思います。

そこで、この応用問題への対応に役立つと思われる、身体的、心理的な発達の概略のすがたを述べて参考に供したいと思います。

まず、三歳から六歳までの三年間の運動能力とそれに伴う生活習慣の発達について、おおよそのすがたを見てみましょう。

三歳児では、両足を交互に出して階段を上り下りしたり、三輪車に乗って遊んだりというように身のこなしが自由になり活発になります。また、手先の器用さも増してきますので、ボタンをはずしたり、靴下をはいたり、パンツをはいたりできるようになります。また、はしを使ってどうにかあまりこぼさないで食べられるようになります。排便では、小便は三歳半ばには自立するようになります。

四歳児の場合、運動能力の面では、階段を駆け足で上り下りができるようになったり、片足立ちやスキップもできるようになります。また、手先の器用さもさらにまして、はさみで簡単な形を切り抜いたり、前のボタンをかける、両袖をとおす、脱ぐというようなこともできるようになります。生活習慣の面でも、はしの使用が上手になり、食事の習慣は完全に自立します。さらに、口をゆすぐ、うがい、歯みがき、顔を洗う、鼻をかむ、髪をとかすなど生活上必要な習慣も自立してきます。なお、大便の方も四歳半ばをすぎるころには自立できるようになります。

五歳児、六歳児となりますと、身体各部の運動機能も統合され、自由に体を調整しながら、かなり激しい運動にも耐えるようになり、六歳段階では日常の生活や遊びの活動に必要な基本的運動能力が整うことになります。ひも結びでも五歳では固結びができるようになり、六歳では蝶結《ちょうむす》びができるようになるなど手先の機能も確かなものになります。こうして、生活習慣の面でも「基本的生活習慣」といわれる、食事、睡眠、排泄、着脱衣、清潔の習慣がこの五、六歳で完全に自立することになります。ただし、運動機能の発達は別として、生活習慣の獲得は一般的なすがたを述べただけで、実際には母親などの養育者のかかわり方がその発達に大きな影響をもたらしますので、後でしつけのところで再度触れようと思います。

とはいえこのように、運動機能の発達とともに基本的生活習慣が自立をするということは、その人格発達にとって大きな意義があることなのです。なぜなら、子どもが、自分はおとなと同じように、ひとりで何でも出来るのだという自信と独立心をもつことになるからです。

アメリカの著名な児童心理学者ゲゼル博士が「五歳すぎると、子どもは彼としての一つのまとまった人格をもつ」と言っていますように、この幼児期はその後の発達にとって大事な節目となる時期なのです。

つぎに心の面の発達についておおよその理解をしておきたいと思います。

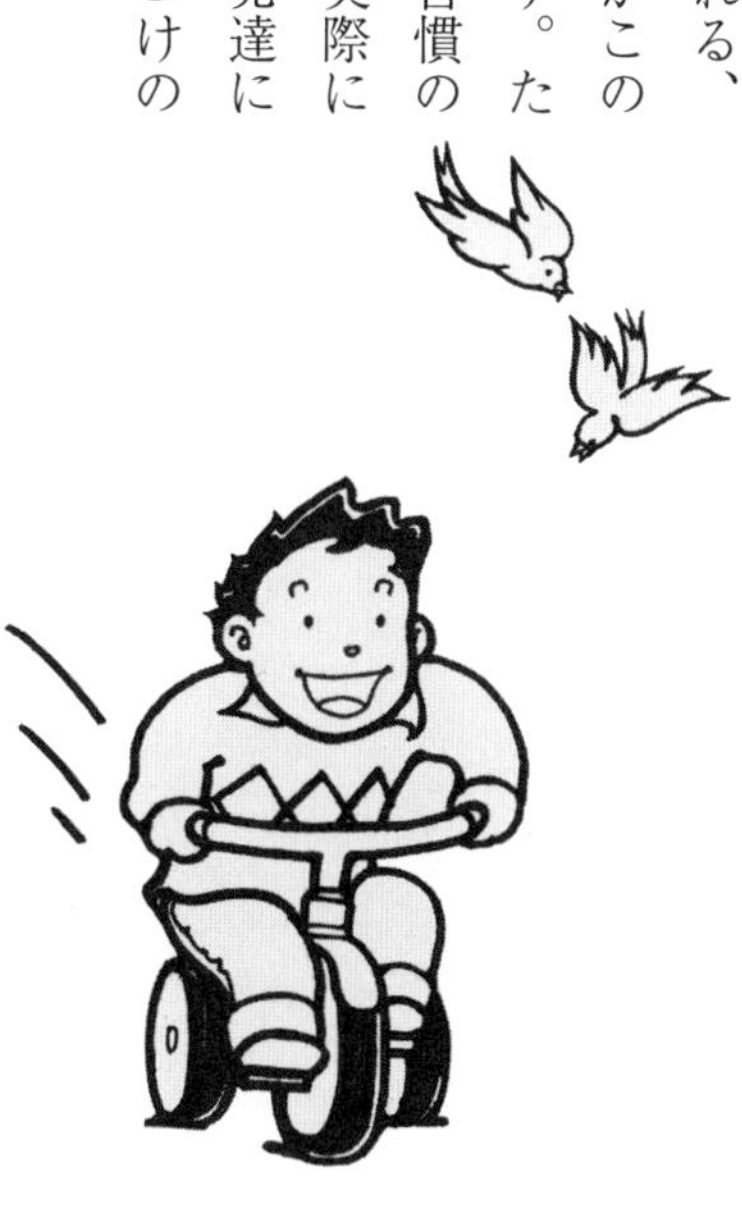

ことばと知恵の発達

まず、言語の発達についてみてみましょう。この頃までに獲得している語彙量《ごいりょう》（単語の数）では、二歳で三〇〇語程度ですが、三歳では九〇〇語、四歳では一六〇〇語、六歳では五五〇〇語くらいにまで急増します。このように使うことのできることばの数が多くなるということは、ことばを使って自由に話すコミュニケーション能力が急速に高まっていることを意味しています。と同時に、日々の様々な経験をとおしてたくさんの知識を獲得している、たゆみない学習が進行中であることがわかります。そして、親はこの言語習得の過程で、三歳段階では「これ、なーに」「あれ、なーに」の質問攻めに会い、四歳を過ぎるころからは「なぜ」「どうして」という物事の原因をたずねる難問奇問に、どう答えたらいいのかと悩まされることになります。

このような時に、どう対応したらいいのでしょうか。基本的には、子どもの質問にまじめに答えようとする気持が大切です。「うるさいなあ」とか「忙しいんだからまた後で」とか、あるいは、いい加減にあしらうというようなことはよくないことです。いや、それ以上に、子どもの内から萌《も》え出ようとする知的欲求の芽を摘むことになりかねません。かといって、何とか科学的に正しく答えてやらなければなどと考えすぎて、子どもの理解能力を超えるようなことを説明する必要はありません。図鑑などの資料をつかって理解できるような内容であれば、子どもと一緒に楽しみながら調べてみるなど、ほんとに素敵なことだと思います。このような態度は、子どもの知的欲求を大いに満足させるのみでなく、さらに今後、子どもの成長につれて、ますます知的探索の意欲を高めることになりましょう。ただ、子どもの質問に対してあまり身構えることなく、楽しく受け止め、気軽に応対してやれたらよいと思います。幸いなことにある程度ユーモアがわかるようになりつつありますので、楽しい会話のキャッチボールをしてみてはどうでしょうか。中には答えようのないような質問、たとえば「お盆はどうして丸いの」とか「このチューリップの花はどうして赤いの」などのような時には〝逆質問〟という奥の手を使うと、このような質問をする子どもは、たいてい自分なりの答えをもっているものですから、その答えをきくことによって子どもが今どのような考え方をするのかがよくわかります。

さてそこで、この頃の子どもの、ものの考え方（思考）の特徴をおおよそみることにしましょう。

三歳ごろの子どもは九〇〇語ものことばをもっているのですが、そのことばをおとなが理解していているように分かっているかといいますとそうではありません。たとえば、おかあさんと公園を散歩していた子どもが、道わきの葉っぱに止まっている大好きなカタツムリを見つけたとします。「こんなところにカタツムリがいるよ」としばらくながめた後、また歩いていたら、別のところにまたカタツムリがいました。子どもは「おかあさん、さっきのカタツムリがもうこんなところに来ているよ」と言いました。

このような考え方は、このころの子どもに特有のもので、別々のところにいるカタツムリをそれぞれ別のものとして考えることができないことを意味します。いいかえれば、カタツムリの総称としての「カタツムリ」(類の概念)と目の前にいる個々のカタツムリ(個の概念)との関係の理解があいまいなのです。このような理解ができるようになるのは四歳を超えてからになります。

また、このころは、想像力が発達する時期でもあるのですが、物事の関係の理解が十分ではありませんので、思いもよらない発想をしたりします。たとえば、夕食の後、マーちゃんとおばあちゃんが洗面所に行ったときのことです。口をゆすぐために、おばあちゃんが口から入れ歯を取り出したのです。ところが、それを見ていたマーちゃんは目を丸くして驚きました。そして、マーちゃんは、おばあちゃんにはどんなことでもできる不思議な力があるんだと確信したのです。そこで、おばあちゃんに向かっていいました。「おばあちゃん、こんどは目を出して」と。なんとすばらしい想像力ではありませんか。

四歳を過ぎると、子どもは物事を理屈で考えようとするようになります。ものの考え方が論理性をおびてくるのです。四歳のころはおしゃべり期ともいいますように、ことばが自由につかえるようになり、「なぜ?」「どうして?」とうるさくつきまとってくる時期でもあります。また、外での出来事やテレビでみたことを一所懸命に話そうとするのもこのころです。これをおとながどのように受け止めてやることができるかが課題です。

五歳、六歳とすすむにつれて、思考力はますます伸びてきます。六歳ごろになりますと、「もし友だちがいじめにあったらどうする?」などのような仮定上での行動を述べることもできるようになります。このように、考え方もしっかりしてくるのですが、つぎのような幼児特有の考え方があります。

その一つは、このころの子どもは、生物であろうと無生物であろうと、みな心をもっていて、自分と同じように考え、生きていると思っています。このような幼児特有の心性を「アニミズム」と呼んでいます。たとえば、筆者が家族を車に乗せて遠出をしたときのことです。助手席で母のひざにかけていた四歳半のむすめが「お父さん、くるま、よく道を知ってるね」というのです。「うん、ほんとだね」と答えたのち、「くるまは生きてるの？」とききますと「生きてる」と確信に満ちて元気よく答えました。

その後、同じように家族で遠出をしたときのことです。ふと、当時のことを思い出して、一年生になっている子どもに「くるまは生きているのかな？　生きていないのかな？」ときいてみました。子どもは突然の質問に当惑したように「ウーン、生きているといえば生きているし、生きていないといえば生きていない」と答えました。六歳になっているこの子は生物と無生物の区別はできるようになりつつあるものの、まだ迷いのある段階であることが分かります。

二つ目は、このころの子どもは、「なぜ？」「どうして？」などの質問に見られるように、ものの原因と結果について探求心旺盛な時期です。もう、かなり論理性をおびた考え方ができるようになりつつあるのですが、まだ完全ではありません。ことがらの外見にとらわれた見方をするのです。

たとえば、コップに入れた同じ量の水を、細長い容器に入れたときの水の量と幅広い容器に入れた水の量を同じ量の水だと理解できないのです。ある子どもは、細長い容器に入れたために水位が高くなっているところに着目して、こちらの方が水の量が多くなったと考えますし、ある子どもは幅広の容器の方が広がっている分だけ水量が多くなったと判断したりします。このように同じものが形が変わると量が変わるというように、外見に支配された考え方をするのが特徴です。

また、前に子どもの質問について述べたときに、「チューリップの花はなぜ赤くなるの」という質問の場合のような難問への対応で、逆質問について述べたのですが、これを例に子どもの考え方を見てみましょう。鉢植えのチューリップに赤い花が咲いています。鉢の下に赤い敷物がしかれています。「○○ちゃんはどうして赤くなると思うの」。この子どもの逆質問への返答は「だって、ここにこんな赤い敷物があるでしょ。だから花が赤くなるの」という答えです。子どもは、おとなから見れば何の関係もないものを関係づけて平気なのです。これが幼児期の子どもの考え方の特徴なのです。

わがまま時代

つぎには、私たちおとなは、自分の考えていることは子どもも同じように考え、こちらのいうことはそのままわかってもらえるものと思っている節があります。ところが、子どもは〝小さなおとな〟ではありませんから、ものの考え方一つでも、おとなの考えとはかなり異なるさまざまな考え方をする特徴を持っているのです。

その特徴の一つは「自己中心性」ということばで表されます。三歳から六歳にいたるまで、この頃の子どもに共通してみられるのがこのような心理です。たとえば、いろいろなことや物について、自分の思っていることが他人に理解されていないことに気づかないで、他の人も自分と同じように思っているものだと考える考え方で、自分の考えとは異なる他の人の考えがあることが理解されていないのです。さらにいえば、他人の立場に立って物事を考えられないということで、子どもの「ききわけが悪い」「わがまま」な行動はここから出てくると考えられます。

また、この頃の子どもにケンカが多いのは、このような自己中心性の子ども同士のぶっつかりあいから起こるものとみることができます。ですから、子どもはこのようなケンカを通じて、初めて、自分の思うようにはならない他人の存在に気づくという、子どもが人間関係の基礎を学ぶ「社会化」の過程で、たいへん大事な学習をしているのだと考えられます。こうしてみると、ケンカを悪いものと決め込んでいる考えは間違いで、ケンカしている子どもを頭ごなしに叱りつけたり、ケンカをしている場面で、すぐに間に割り込んで止めること自体、子どもの大事な学習の機会を奪うことになりかねないのです。もし止めるのであれば、双方の頭に手でも置いて、静かに「ケンカちょっと止めて。どうしてケンカになったのかな」と笑顔で、双方の顔を等分に見ながら問いかけるくらいにとどめ、後は子ども同士が自ら解決するようにし向けたらよいと思います。

昔から、「子どものケンカに親が出る」という言葉があり、親（養育者）がしゃしゃり出てきて、不当な仲裁をしようとしたり、頭ごなしに叱りつけたり、禁止したり、一方をかばうということはしない方がよいことを示唆しています。心すべきことと思います。

この頃の子どもは、どうしてこのように自己中心的な考え方しかできないのでしょうか。これについて、スイスの心理学者ジャン・ピアジェ博士は、その弟子バーベル・インヘルダー博士とともに「マウンテン・テスト（三山実験）」という実験によってそれを解明しています。

この実験とその結果を簡単に説明しましょう。まず、色、形、そして山の上に載せてあるもの（子どもが見て何であるかがはっきりとわかるもの）も異なる三つの山を用意し、テーブルの上に三角形に配置します。大きさは、子どもが全側面を見るのには、まわりを歩かなくてはならないくらいのものです。まず最初に、実験に加わってもらう子どもたちにテーブルの周りを歩かせ、四方から三つの山を眺めさせます。こうして子どもが各側面の三つの山の景色になれたあとで、種々の年齢の子どもをひとりずつテーブルの一側面（A）に坐らせます。そして、「あなたの向かい側の位置に坐っている人（観察者）には、山の景色がどんなふうに見えているんだろうか？」とたずねます。そして、（A）の位置から撮った写真と別の側面からの写真（B）、それに向かい側からの写真（C）の三枚の写真を渡して選ばせます。すると、この三歳から六歳までの子どもは、いずれも（A）からみた写真を選んだのです。しかも、何度やっても、子どもは自分のところから見えている山の風景が写っている写真を選んだということなのです。

つまり、この実験結果から、子どもはさまざまな位置からの見え方に、心の内で視点を移してイメージを再構成することができないために、見る場所が変わると山の見え方が変化するんだということが理解できないことがわかります。これをピアジェ博士は〝知覚の自己中心性〟とよび、このような自己中心性から、子どもは社会的な場でも他人の立場が理解できにくいのだというのです。これがわがままの正体といえましょう。

この自己中心性からぬけだす時期をピアジェ博士は八歳のころだといわれます。

社会性のめばえ

三歳ごろの子どもは、わがままいっぱいで自分を主張しようとします。そこで、このころを反抗期というのですが、この反抗ということばは、前にも触れましたようにあまり好ましいことばとはいえないと思います。むしろ、自立期とか独立期というべきだと思います。

ところで、このように我《が》をはるだけでは社会生活を円滑に過ごしていくことはできません。お互いに相手をみとめ、お互いに相手を尊重し、場合によっては相手の過失を許す気持さえもたねばなりません。このような心の成長をみるのは五歳以降になるでしょう。こうして、五歳ごろになって初めて友だちと仲良く遊べるようになり、社会生活への基礎ができるのです。

子どもが友だちを求めるようになるのは、三歳ごろになるのですが、この頃の子どもは集団の中に入りさえすれば、他の子どもと一緒に遊べるかといいますとそうではありません。集団にはいろんな規則があり、仲良くするにはいろいろな場面で、自分で我をおさえねばなりません。それが最初のうちはなかなかわからないのです。

三歳くらいの子どもは、友だちと一緒にいることはうれしいのですが、あることを一緒にしていくことは、まだできないのです。子どもが同じところで積み木遊びをしているところをよく見ますと、同じところで積み木あそびをしていても、お互いの間にはなにも関係がないのです。お互いが傍《そば》にいるだけで満足し、楽しくそれぞれのあそびをしているのです。このような遊びの状況を並行《へいこう》あそびと呼んでいます。

やがて、四歳、五歳と進むにつれて、だんだんと仲間とかかわりながら活発に遊べるようになります。一つの目的に向かってみんながまとまって活動するようになり、そのために同じ道具を分け合って使い、それぞれが自分の役割をもってその役割をなし遂げるというようなことが遊びの中でできるようになります。このような遊びのすがたを共同あそびといいます。でも、その過程は必ずしもすんなりと進行しているわけではありません。言い争いがあったりケンカになったりしながら、子ども同士のかかわりの中で解決を見ることになるのです。この過程が社会性の発達なのです。

ここで、O市のF幼稚園の子どものすがたを紹介しましょう。年長児（五歳児）の〝帽子取りあそび〟が中断し、ヒロ君を囲んでワイワイいっています。ヒロ君が陣地から全然出てこようとしないのであそびが面白くないというのがみんなの言い分です。「ヒロ君、でてこないとだめじゃないか」「だってぼく、逃げるの遅いもん」とヒロ君がいいます。そのとき、仲良しのナオ君が「ぼくだって遅いもん。でも、先生が教えてくれたとおりに心の中で『ぼくは早いっ』と思って走ったら帽子とられんかったよ」とヒロ君を励まします。ヒロ君は今にも泣き出しそうな顔で「うんわかった。ごめん」と小さな声でこたえ、あそびが再開しました。遠くから見ていると、ヒロ君がいじめられているような光景ですが、実は、お互いが助け合っていくことの大切さを学び合っている大事な場面です。こうして、子どもたちは、お互いが楽しく遊ぶためにはルールを守らねばならないこと、自分の考えをはっきり主張し、間違いに気づいたら素直に謝って、友だちを受け入れ合うことなどの大切さを自然に身につけていきます。

しつけについて

幼児期はしつけの適期

三歳以降の幼児後期は、子どものしつけにとってもっとも大事な時期であり、もっともしつけやすい、しつけの適期であると考えられています。

では、誰が責任を持ってしつけをすればいいのでしょうか。近頃街頭で見かける青少年の姿を見ていると、この子たちは誰がどんなしつけをしたのだろうかと思わせられる場面に出くわします。しつけの悪いと思われる子どもを見かけると、よく〝親の顔が見たい〟と言いますが、最近では親が自分の責任で、子どもにしっかりとしつけをしようとする考えをもっている人が少なくなっているように思われます。また、しつけとはどんなことで、どのようにしつければいいのかも考えたことがない親が多くなっているようです。

ずっと以前に出会った、電車の中でのできごとです。四、五歳くらいの子どもを連れた母親が電車に乗ってきました。私の前の空席を見つけると、母親は通路側にかけ、子どもを窓側の座席に導きました。ところが、子どもは外を見ようと靴を履《は》いたまま座席にあがってしまったのです。でも母親は知らん顔です。前の座席にかけていた私が、見かねて注意しました。ところがどうでしょうか。母親は私の顔を睨《にら》むような目をして、子どもに向かって「早く降りなさい！　このおじさんに叱られるよ」と言うのです。子どもは母親のきつい声に促されて下におりました。私は唖然《あぜん》とする思いと共に寒々としたものを感じました。まさに〝小さな親切、大きなお世話〟なのです。これは、子どものしつけ以前の問題で、親自身の道徳観念の貧困さが問題とされなければならないことなのです。このような現実を見るとき、このようなおとなを育ててきた私たちの国の教育はどこか間違っていたのではないだろうかという思いが湧《わ》いてきます。そして一方で、日本の将来のためにも、今、早急に乳幼児から成人に至るまでのあらゆる年齢層における教育のあり方と内容の見直しをする必要が、最重要課題ではないかということを痛感させられるのです。

さてここでは、人生のはじめの時期であり、人格形成のもっとも大事な基礎を育てる幼児期のしつけについて一緒に考えることにしましょう。子どものしつけの主役はいうまでもなく親自身でなければならないと思います。もちろん、保育所や幼稚園の保母さんや先生方も子どものしつけに大事な役割を果たすことはいうまでもありませんが、あくまでも脇役として考えるべきだと思います。子どもの幸せを願うならば、子どもの将来を支配する人格の形成に対して、親は責任を持たねばならないからなのです。

無意図的なしつけ

幼児期を通じて、子どもはそれ以後の生活に必要な生活習慣を始め、さまざまな基礎的なものを、知らない間（無意識的）にあるいは意識的に学んでいきます。

まず、三歳くらいまでの乳幼児がさまざまのことを学び、身につけていく場合の学び方の特徴《とくちょう》を、我が国の大脳生理学の泰斗《たいと》として有名な時実利彦先生は「模倣《もほう》の時期」と呼びました。そして、この時期の模倣の特徴は〝丸ごと模倣〟にあるといいます。この丸ごと模倣というのは、まねているという意識もなく、いつの間にかまねているという、〝無意識的模倣〟なのです。しかも、この時期には、これはいいことだからこれをまねようとか、これはよくないことだからまねしまいとかいうような〝物事を批判する能力〟や〝選択して模倣する能力〟がまだ育っていない時期ですから、模倣の対象（モデル）の善し悪しにかかわらず無批判、無選択にそっくり丸ごと模倣するところにその特徴があるというのです。

そのモデルとなる人は、親を始めとする家族や保育所の保母さん、幼稚園の先生、そして保育所や幼稚園の子どもたちなどさまざまあるわけですが、最もモデルとなる人は、なんといっても親なのです。子どもにとって神様のような尊敬すべき存在であり、誰よりも頼りになり、しかも深い愛情の絆で結ばれている「親」以外にはありません。昔のことわざに「子は親を映す鏡」といい「子は親の後ろ姿を見て育つ」ということわざがありますように、この丸ごと模倣のモデルが親であることをよく表していることばだと思います。

ある幼稚園での出来事です。子どもが園庭でママゴトあそびをしていました。ある一組がお父さんとお母さんの朝の場面を演じています。お父さんはあぐらをかいて、タバコをおいしそうに吸っています。お母さんは朝食の準備に余念がありません。ところがよく見ると、このお父さんのタバコの吸い方にはちょっと変わったところがあります。白チョークをタバコに見立てているのですが、わざわざ短いタバコ（白チョーク）を持って、口に近いところを親指と人差し指でつまみ、せわしげに吸うマネをしているのです。どうやら一本吸い終わったのでしょう。灰皿らしきものにタバコを擦りつけた後、つぎに取るたばこもまた短いものです。そして同じように吸います。この子のお父さんは、ちょっとだけ、みみっちいお父さんのようです。ところが、このお父さんがお母さんに向かっていいました。「お母さん、新聞取ってきてくれ」と、するとお母さんは、決して手を休めることなく、ぱっと後ろを振り向いて言いました。「自分で取ってきたらいいでしょ！」。どうやらお父さんの家庭とお母さんの家庭では夫婦の朝の会話は違うようです。それにしても、子どもは親をモデルとして見事に演じているのです。

たいていの親は自分が子どものモデルであることに気がつきません。それはそれでいいのです。余り意識しすぎたら恐らく大変疲れることになるでしょう。でも、親はいつの間にか模倣の対象になっている事だけは事実なのです。ということは、日々家庭の中で行われている夫婦の何気ない会話や生活態度など、無意識的な行動が非常に大切な役目をしているということです。

このことからみますと、親は子どもをもつことによって、改めて自分たちの家庭を見直すことが求められており、今その機会が与えられているのだということではないでしょうか。子どものしつけは、まず親自身のしつけからということかもしれません。

ではモデルとしての親の好ましい生活の姿とはどういうものでしょうか。日常生活の家族の交流の中で表れる何気ない態度や表情、さらに言葉づかいの中にあります。たとえば、相手を思いやる愛情に満ちた行動、にこやかな明るい表情、お互いを思いやるやさしいことばや、家族一人ひとりを認め、ほめることば、それに何かにつけて発せられる感謝のことばなどです。それが巧まずに生活の中で表現されるよう常に反省し努力する姿が、最上のモデルであり、すぐれた子育て環境であるといえましょう。そして、このことが楽しい家庭、幸せの家庭の創造になるのだとしたら、これは大変素晴らしいことです。これを機会に、改めて子どもに感謝し、子どもを与えてくださった大生命に感謝を捧げねばならないことでしょう。

さて、以上のように、大事なしつけが親自身も子ども自身も共に知らないで行われるのが三歳までのしつけの特徴ですが、これは改めて名づけるとしたら「無意図的しつけ」というのが適当と思います。

意図的なしつけ

ところが、三歳を過ぎて四、五歳になると、子どもの心の発達の状況は大きく変化します。時実利彦先生のことばを借りれば「創造の時期」に入るというのです。創造の時期は四、五歳ころから十歳くらいまでの心の発達の状況をそう呼んでいるのですが、幼児期のこの頃はその入り口にさしかかったところだと考えられます。

この時期は、これまでの無自覚的に模倣によって物事を学んでいくやり方を脱却して、自分で考え、自分で行動しようとする、やる気が芽生えてくるといいます。いいかえれば「やる気を起こす時期」と言えましょう。従って、しつけに対する親のあり方も変わってくることになります。子どもの心の発達につれて、親が意図的にしつけることが出来るようになるのです。「無意図的しつけ」に対して「意図的しつけ」ということができます。

この段階になると、子どものやる気に対応して、この子にこんなしつけをしたいということが可能になるのです。では、この時期でのしつけについて考えてみましょう。

ところで、ちょっとここで〝しつけ〟ということばの意味をみてみましょう。辞書によると「礼儀作法を教え習わせること。しこみ」（『広辞林』）とあり、他の辞書でもほぼ同じように書かれています。そして、「躾」という文字を当てられています。なお、語源的には〝おしつけ〟あるいは〝しつづけ〟からきたことばだといわれているようです。しかし、ここでは「礼儀作法を教え習わせる」という意味に限らず、もう少し広い意味でとらえ〝子どもの成長につれて必要とされる、社会的に望ましい生活行動が、自律的にあるいは自然的（自動的）にできるように導くこと〟というように考え、そのようなしつけの仕方や工夫について述べようと思います。

なお、しつけの仕方では通常、「叱ること」と「ほめること」の二つのことばが用いられるのですが、最初にこの二つのことばのはたらきについて簡単に説明しておきましょう。

叱るということばは、子どものしていること（行動）を止めさせる（制止）はたらきがあり、一方、ほめることばはその行動をさらにしようという（促進）気持にさせるはたらきがあります。子どもにとって叱ることばは不快感を与えられ、ほめることばは快感を与えられます。叱ることばには〝やる気を起こさせるはたらき〟はありませんが、ほめることばには

〝やる気を起こして、自分の意志で積極的にものごとをしようとするはたらき〟があります。幼児期のしつけでは、ほめることによってしつけることが基本で、叱るというのは、危険な行動とか他人に迷惑になる行動などで用いるものと考えるべきでしょう。

では、しつけの実際を二つの面から考えてみたいと思います。その一つは〝形のしつけ〟、つぎは〝心のしつけ〟です。このように二つの面に一応分けてみますが、本当はこのように画然と分けられるものではありません。なぜなら、形のしつけの中で心のしつけが伴い、心のしつけの過程で形が整うという相即不離《そうそくふり》（二つのものが一体となって切り離すことができないさま…『広辞苑』）の関係を持っているからです。でも、ここでは理解しやすさということから二つに分けてみることにします。

形のしつけ

まず、形のしつけについて見ることにしましょう。形のしつけとしては具体的にどのようなことがあるでしょうか。その一つは、基本的生活習慣といわれているもののしつけです。基本的生活習慣というのは、これからの人生生活を送る上で是非とも自立して身につけておかなければならない生活習慣のことです。それは、〝食事〟〝排泄〟〝睡眠〟〝清潔〟〝着脱衣〟の習慣の自立です。これらの生活習慣は六歳には全て自立するわけで、それに関わるしつけの問題を考えてみることにします。

食事

最初に食事に関わることから考えてみることにします。食事の前に手を洗うということは、乳児期の項でも触れていましたように、清潔の習慣とも関わることで、早くからこの習慣を〝しつづける〟ことでしつけられ、習慣化するものです。

つぎは、最近では朝食や夕食の時に、家族が一緒に食卓を囲んで食事するという家庭が少なくなっているようにも思われますが、このような習慣は将来にわたって大事な機能を果たすことになりますので、幼児の頃からこの習慣を持つようにおすすめしたいと思います。というのは、食事というのは一番楽しく心和《なご》むときですし、このときに父母（夫と妻）と子どもが一緒に顔を合わせて楽しい会話をしながら食事を取ることができれば、親子のコミユニケーション、夫婦のコミュニケーションのできる貴重な時間となるでしょう。この会話の中で、親は子どもの成長のようすを理解できると共に愛情の絆がより強いものになるのです。

ただ、老婆心ながらここで注意しておきたいことは、日ごろ話し合う機会が少ない家庭では、ともすると、この時とばかりに不満や小言を言い合ったり、裁《さば》きの機会になったりすることがあるようですので、これだけは注意していただきたいと思います。

ここで、このような家族揃っての食事を強調しましたのは、現在、家庭とは名ばかりで、家族がバラバラの生活をしていて、お互いが理解し合う機会を持てなくなっている家庭が増加している状況があるからです。子どもの非行などが問題になる時、よく言われることは家族で話し合いの機会を持って、お互いが理解できる場をつくりましょうといわれるのですが、時すでに遅しで、日ごろ楽しく話し合う習慣を持っていないものが、ある日突然、さあ、今から家族で話し合いをしましょうといってもそう簡単にできるものではないからです。特に、自我が強くなっていく小学校高学年以降の段階では、これはますます難しくなるのです。従って、幼児期の自我の芽生えの頃から、食事時を中心に一家団欒《いっかだんらん》の時を過ごすことを習慣化しておくことが大変重要な意味を持つことになるのです。さらに、このような習慣が、やがて子どもが親になるときに受け継がれていくとしたらこんな素晴らしいことはないでしょう。

そのつぎは、食事のときの姿勢です。今どきそんな固いことを言いなさんな、姿勢だって好きなようにしたらいいじゃないですか、という声が聞こえてきそうな気がします。でも、椅子席にしろ座敷にしろ、背筋を伸ばしてきちんとした姿勢で食事している姿は誰がみても気持いいものではないでしょうか。近頃は、テーブルに頬杖を突いて、茶碗や皿を持つことなく前屈みで食べたり、片膝を立てて坐り、箸を持つ手でない片方の手はだらりと下げて、顔を前に出して食べている姿もよく見かけます。いかにもおいしくなさそうに見えるのは筆者のひがみでしょうか。このようなきちんとした姿勢ができるしつけでは、まず両親が自然にそのような姿勢ができることが前提です。その上で、姿勢良く腰掛け（坐れ）られたら、心からほめてあげるといいと思います。子どもにとって、大好きな尊敬する父母にほめられることは子どもの心にやる気をおこさせ、それを持続しようとする原動力になるのです。

このようなきちんとした姿勢が、無理なく自然にとれるようになった子どもは、その後の幼稚園や学校の生活に入っても落ち着きと集中力のある子になると思います。

さてつぎは、食事の席に着いたとき、キリスト教の国などでは目をつぶって聖書の一節を読むというような祈りをする習慣があるようですが、我が国の場合は昔から、食卓について食事を頂く前に手を合わせて「いただきます」という習慣があります。ことばは簡単ですが、これも祈りの一種です。できればこの「いただく」ということばの意味をある時期に子どもに教えてあげるといいと思います。目の前にある食物を与えてくださった、目に見えない不思議な力をもつ大生命に感謝し、それを育ててくださった人々の労力に感謝するという祈りを込めた「いただきます」なのです。今、これからの子どもに求められる謙虚な心、目に見えない大生命に感謝する心（宗教的情操）を幼児の頃から教えることが大切です。

排泄

つぎに、排泄についてのしつけ、いいかえれば、トイレ教育について考えることにします。排泄の時間は人によって異なるものの、しつけによって、たとえば朝食後に習慣づけることが可能です。これは睡眠の規則性との関係があります。夜遅くまで起きていて、朝なかなか目が覚めず、朝食もそこそこに幼稚園に行くような生活ではこのような習慣づけは不可能です。睡眠時間も十分にとれるよう早い時間に休ませ、朝は早く起きて家族一緒に食事できるようにし、幼稚園に登園する前に排泄できるようにしつけることが理想です。

それから、これは子どもに施す直接的なしつけではありませんが、トイレを通しての教育としては大切なものです。それは、家庭のトイレをいつも清潔に保つことです。このことは、幼い心にトイレとはきれいなところだという印象を植え付け、清潔に保とうという意識を持たせることになるからです。

つぎは、公徳心を養うことにつながるトイレ教育です。その一つは家庭のトイレであってもノックする習慣をつけることです。家庭のものになぜと思うかもしれませんが、外で公衆トイレを使用する機会では、是非とも習慣として行わねばならないことだからです。母親がトイレの中にいてノックさせ、母親が明るい声で「はい、今お母さんが入ってますよ」などとあそび的にしつけることでできるようになります。

つぎには、トイレのスリッパの脱ぎ方です。スリッパの脱ぎ方に三通りあることをご存じですか。入り船型と出船型それにでたらめ型です。でたらめ型は無造作に脱ぎ捨てたものです。入り船型はトイレから出てくる場合に外に向かって脱いだものです。さらに、出船型は外からトイレに向かって揃えられたものです。でたらめ型は別として、入り船型、出船型はいずれもそこにスリッパを脱ぐことを意識するという心の働きが関わります。この二つの脱ぎ方のいずれがよいと思いますか。入り船型はスリッパを揃えるという心の働きがあり、見た目の美しさもあります。一方、出船型では見た目の美しさだけでなく、つぎにトイレを使う人への思いやりの心が働いています。トイレを使用する人の心理を考えますと、用を済まして出てくる人はゆったりした気持で出てきますが、トイレに入ろうとする人は急ぐ気持があります。その人がさっとそのまま履《は》けるスリッパのあり方が出船型なのです。出船型には他の人への思いやりが秘められています。

このようなしつけも、幼児期に「スリッパはこうして脱ぐのよ」とお母さんがモデルを示しながらしつづけていると、子どもは自然に、自動的に出船型に脱ぐようになります。このことは、玄関での靴の脱ぎ方にも関係することで、玄関にきちんと揃えられた靴の様子からそこに住む人の心の状態が推測できるものです。ある新聞の記事で、泥棒が入りやすい家庭と入りにくい家庭について調べたところ、玄関にきちんと靴が出船型に揃えられている家には入り難いという記事をみたことがあります。形が示す心の姿勢が泥棒を尻込みさせる効果を持つということでしょう。

睡眠

つぎは睡眠にかかわるしつけについて考えてみましょう。

ずっと以前に、大分県の家庭教育相談事業で地方の小さな町で相談を受けたときの話です。

小さなレストランを若い夫婦で経営しているという、五歳の子どもを持つ母親の相談です。〝子どもが夜中まで起きていて親の睡眠の邪魔をして困っている。どうしたらいいでしょうか〟というのです。家庭の状況を聞きますと、住まっている家とレストランのお店とは別の離れたところにあるそうで、子どもは幼稚園からレストランの方に帰ってくるのだそうで、夕食はお店ですませ、親が十時頃家に帰る頃までお店の小さな部屋のテレビを見たり、眠ったりしているといいます。店の片づけが終わって、親子が車で家に帰ってくるのは十時をすぎているのですが、夫婦の食事はそこからで、ご主人はテレビを見ながら一杯飲んでゆっくりと食事をするのだそうです。子どもの方は寝かせようとしても寝ないでテレビを見たり飛び回ったりしているといいます。こうして夫婦が就寝するのは十二時近くになるのですが、子どもは一向に寝ようとせず飛び回って親を寝せないで困っているというのです。

私はつぎのような話をしました。

五歳前後の子どもに必要な睡眠時間は十時間から十一時間であること、したがって、朝七時に起こすとしたら八時から九時頃には休ませるようにしなければならないこと。ですからあなたの場合、どうしたらいいと思いますか。子どもはあなた方が帰るまでの待っている時間に眠くなっているし、テレビを見ながら眠っているようですから、家につれて帰るときに目が覚めて、また親が寝るまでつきあっているわけですから、親と一緒に寝ましょうといってもその時は逆に目が冴《さ》えて眠れないのです。今のままではいけないわけですから、仕事も忙しく大変でしょうが、ここは子どものことを先に考えて生活の仕方を変える必要がありますね。ということで、母親に考えてもらいました。

母親は考えた末に、八時すぎる頃、一旦子どもを家につれて帰り、寝かせた後でまたお店に帰って片づけをすることになりました。

ともすると、現在の親たちは、子どもの生活リズムを考慮せず、おとなの生活リズムに子どもの方を従わせる様子が見られます。大切な愛児のために考えを変えていただきたいものです。

この睡眠にかかわるしつけに、就寝の前と朝起きたときの「あいさつ」を挙げたいと思います。これは社会的なしつけになりますが、この場合でもやはり父親、母親はモデルとして日常的にしつづけているかどうかが前提になります。

ある漁村の小学校に講演に行ったときのことです。講演が終わった後、質問の時間にあるご婦人からつぎのような質問がありました。〝今二年生の男の子ですが、幼稚園に行っている頃は、夜休む前と朝起きたときに、あいさつをしていたのに今ではしなくなり、するように言ってもしないのですが、どうしたら以前のようにあいさつをするようになるでしょうか〟ということです。私は即座に〝それではお聞きしますが、ご夫婦の間ではそのようなあいさつをしているのですか〟といいました。するとそのご婦人は顔を赤らめて、手を振りながら〝いいえ、とんでもない。言わなくても分かります〟というのです。

そこで私は「ああ、そうですか。それでは子どもさんがしなくなったはずです。もし子どもさんにあいさつをさせたいのであれば、まずご夫婦の間であいさつを始め、子どもさんにもお父さんとお母さんと一緒にしようと呼びかけてみてはどうでしょうか」と答えたものでした。

清潔の習慣

さて、つぎは清潔の習慣にかかわるしつけですが、これには〝就寝前、起床時、食事後などの歯みがき〟〝外から帰ったときのうがいや手洗い〟など生活上のしつけがあります。これらのしつけは、ここで始めるしつけというよりは前の段階からの継続（しつづけ）が大切です。この時期は子どもがあそびに夢中になる時期でもありますのでつい忘れたり、ちょっと手を抜いたりという知恵もでてくる頃ですから、叱るのでなく、気づかせて自分の意志でできるよう促すようにし、できたらほめてやるといいと思います。

四歳前後の頃に、ときどき風呂嫌いの子どもがありますが、その導き方について考えてみましょう。まず、なぜ風呂嫌いになったのかその原因を考えてみることが必要です。

一つは、子どもが好むお風呂の適温について知ることです。おとなにとってはぬるいと感じる摂氏四十度程度が子どもの適温と言われています。ところが、親は、自分の適温が子どもにとっては熱いものであるのにもかかわらず、それを無視して、特に冬場に、子どもが風邪を引かないようにという気持から、つい熱めのお湯に入れようとすることがあります。二つには、お湯に長くつかるようにと風呂の中で数を数えさせるような場合。三つ目には、目に石けんが入って痛い思いなど不快なことが重なるような場合。四つ目は、親がいつもガミガミと叱るだけで楽しくない場合などが考えられます。

では、どうしたら風呂嫌いを風呂好きにすることができるでしょうか。それには、子どもの心理を理解して、楽しいお風呂にするための工夫をする必要があります。

まず、幼児期の子どもの生活は全てが「あそび」であるということです。楽しいあそびであれば飽くことはありません。しつけもあそび化すれば子どもは容易にしつけることができます。つぎに、ささやかな筆者の実践事例を報告します。

ずいぶん昔の話ですが、ある時、四歳の孫が里帰りしてきました。この子が大の風呂嫌いで、絶対に風呂に入ろうとしません。誰がなんといっても風呂に近づくこともしません。私がこの風呂嫌いを、家にいる十日の間に何とかしてみようと考えました。

このような場合、一挙に解決ということは禁物です。子どもを風呂に近づけるところから、一歩一歩徐々に目的に近づけて行くための一大戦略を立てねばなりません。

いよいよ、その時がきました。まず、風呂の温度の確認です。つぎは、子どもを風呂のそば（脱衣所）まで導くことです。以下はその時の私の行動です。

孫（俊ちゃん）のそばに行き、誰に言うということなく、「さあ、これからお風呂に入るよ。お風呂に入る人はみんなおいで」と言った後「おっ、お化けのQちゃんが入るの、あらっ、P子ちゃんも、Oちゃんもみんな入るの、それじゃ、みんなで楽しいお風呂屋さんごっこをしようね。さあお風呂に行こう」という具合です。その頃の孫が大好きだったテレビ番組の登場人物を引き連れて、「お化けのQ太郎のうた」を歌いながら脱衣所にいきます。（幼児期の子どもは、空想の世界に遊ぶことができます。空想の世界と現実の世界の区別がはっきりとしていないところがありますので、子どもはこのような方法にたいへん興味を示します。）

「さあ、みんな服を脱いでください。(私自身が裸になって)じゃあ、お風呂に入る人は、つぎつぎにお金を払ってください。(と言ってお金をもらうマネをする。俊ちゃんはそれをそばでじっとみている)つぎに、私が先に風呂に入って、「うん、これは熱くない。ちょうどいいお湯だな」といい「では、みんな入っていいよ。誰から入るかな。ではQちゃんからどうぞ。つぎはP子ちゃん」と言いながらみんな風呂の中にいるような感じを演出したのです。

ところが、それをじっと見ていた俊ちゃんが「ぼくも入る」といったのです。「では服を脱いで、お金を払って入ってください」というと、いそいそと裸になってお金を払うマネをする。「さあ、今度は俊ちゃんの番だよ」というと、風呂に片足をちょっと入れてみて、それから身体全体を入れる。(どうやら、熱い湯が嫌いらしい)。その後、お湯につかったまま空想の友だちを相手に会話をしながら遊んだ後、風呂から上がり身体を洗うあそびにする。こんな状況になればもうお風呂嫌いはどこかに吹っ飛んでいるのです。

こうして、毎日お風呂屋さんごっこは続き、それまで、顔に水がかかることを極端に嫌っていたのも克服し、ついにはお風呂に顔を頭まですっぽり浸けられるようになり、十日間で完全にお風呂好きになることができました。

もしも、この後があるとしたら、一番基本的なお風呂嫌いはなくなったわけですから、今度は自分で自分の身体を清潔にする習慣へと導いていくことです。

このようなことから、幼い子どものしつけをしようとする養育者は、子どもの年齢に応じた心の発達段階を理解しながら、子どもの興味や関心を呼び覚ます方法を工夫して、一緒に遊ぶようなつもりで、子どもの遊び心を刺激し、楽しい遊びの中でいつの間にかしつけが行われることが、しつけにおける一つの方法であり、親も子も無理をしないで、楽しい中でしつけをするコツであると思います。ともするとこのような事例では、養育者がいらいらしながら叱りつけるだけで、子どもを従わせようとすることがよく見られますが、逆効果になることの方が多いのです。

さて次は、着脱衣についてのしつけを考えてみましょう。

この面の発達は、たぶんに運動機能の発達、特に手先の巧みさの発達が関連しており、四歳前後で前ボタンがかけられるようになりますが、その他の位置のボタンかけはまだむつかしいのです。四歳を過ぎると洋服や着物の両袖をとおしたり脱ぐこともできるようになります。こうして六歳になる頃には、一人で着物や洋服を着たり脱いだりが全部できるようになります。衣服の着脱が完全に自立するのです。

ここでのしつけは衣服を着たり脱いだりの自立を促すことです。いいかえれば、自分一人でさせることであり、無用の手出しはしないことです。最近は、子どもの数が少ないことから、子ども可愛さの余り、ついつい手を出し、靴下をはくことから洋服を着ることまで全てしてあげないと気がすまないという母親もみられます。これでは、子どもはいつも着せてくれるのが当たり前になって自立することはできません。依頼心を募らせるだけのことです。このような親の養育態度を〝過保護〟というのです。

生活・社会的しつけ

まず、あと片づけのしつけからみてみましょう。

あそび道具で遊んだ後や絵本をみたりした後で、きめられた場所にそれを片づけるという習慣づけは、物を大切にする、気持よく生活する、けじめある生活をする、という人が生活していく上で将来にわたって最も基本的なことです。そして、このしつけは幼児期から習慣的に、自立させておくことが大切です。

三歳になると、自分の持ち物はきめられた場所に置くことができるようになりますが、この時期は、親と一緒に片づけながら、片づけ方を教えていくといいのです。

自分のものがきちんと処理できるようになり、使ったものをひとりで片づけられるようになるのはだいたい四歳ごろで、五、六歳になるともう自分で完全に整理できるようになります。この場合も楽しいしつけを工夫され、片づけの後の気持よさを味わわせたいものです。ところが、ここでも親自身の片づけに対する考え方や態度が問題となります。モデルとしての親自身が片づけべたでは困ります。その点ご注意下さい。

お手伝い

つぎは、お手伝いをしたがる子どもへの対応です。

あなたは、子どもがお手伝いするのを歓迎しますか。四歳すぎる頃、子どもはやる気を起こして、しきりにお手伝いをしたがるものです。雑巾がけや食事の後のお茶碗洗いなど母親がしていることを自分もしてみたいのです。雑巾がけをしたがる四歳の子どもに本当にさせてみたらどうなるでしょうか、おむすびをつくるような絞り方で、おとなのような握力はありませんから水はぼたぼたと落ちていても、本人は絞った〝つもり〟でそのまま床を拭こうとします。これでは床は水浸し状態です。おまけにミミズのはったような拭き方で「はい、すんだ」ということになります。このような時に叱りつけて「だから、もうお手伝いはだめ」というとしたら、この子はお手伝いはしない子どもになります。肝心なところでちょっと手を貸して、たとえば雑巾絞りの時に、子どもは絞ったつもりの雑巾を「ちょっとお母さんに貸して」といって雑巾を受け取り、黙ってしっかりと絞ってやればいいのです。子どもは自分は絞ったつもりですから、お母さんが絞ると多量の水がでることに驚き、お母さんの能力に尊敬の念を持つでしょう。「さあ、これで拭いてちょうだい。きれいになるよ」などといいながら、させたらいいと思います。そして、雑巾がけは形だけのものであっても「有難う、またしてね」などと感謝のことばを与えてやればいいのです。子どものお手伝いは、本当はまだ〝お手伝いあそび〟なのです。でもそれをお母さんが「有難う」といってくれただけで、満足し〝またしよう〟という気持になるのです。こうして、やる気を引き出し、徐々に本物のお手伝いに育てていけばいいのです。

　この頃に、お手伝いをさせないことにするともっと成長して、今度は、母親がお手伝いを頼んでももうお手伝いをしようとしないことにな

ります。

このようにして、子どもが家庭の中での自分の役割を持つことは、人の役に立つことの充実感と悦びをもっと共に、家族の一員であることの自覚と結びつきをより強固なものにするという、子どもの今後の成長にとって大変大事なものを育てることになるのです。

心のしつけ

世のお父さん、お母さん方はともすると家の子が、知的な面であるいは芸能的なことで、よその子どもに比べ少しでも優れた子になって欲しいと願い勝ちです。

ところが、ダニエル・ゴールマン博士が『EQ～こころの知能指数』（土屋京子訳、講談社）の中で《人生を真に有意義に成功的に生きていく能力は、IQ（知能指数）では分からない。EQ（こころの知能指数）言い換えれば人格的知性、情動の知性、すなわち感情をコントロールする能力こそが大切だ》と言っています。

前に〝学級崩壊〟の問題で尾木直樹氏が、学級崩壊を引き起こす小学校低学年の子ども達の性向的特徴として挙げられていた、①自己中心的で衝動的行動、②セルフコントロール不全（自己統制力の未発達）、③コミュニケーション不全などを挙げています。

また、平成一一年に大分県教育委員会が幼稚園教諭に五歳児の性向特徴を問うた調査でも、「自己中心的でわがまま」（24.3％）「依頼心が強い」（22.5％）「自己抑制ができない」（12.9％）「基本的生活習慣の形成不十分」（9.7％）「人とうまくかかわれない」（6.5％）など同様の性向を指摘しており、今の子ども達の一般的な傾向とみることが出来ます。

ごく最近（平成一四年一一月）ＮＨＫのＴＶ放送で〝日本の子どもの前頭葉《ぜんとうよう》の発達が先進各国の子どもに比べて四歳遅れている〟という言葉を耳にしました。

この前頭葉の発達こそが今ここで問題としている「こころのしつけ」と直接関連していることなのです。

時実利彦先生の『脳と人間』（雷鳥社）に述べられている前頭葉のはたらきについてかいつまんで見てみましょう。

大脳の表面を覆っている「新しい皮質」（人間の脳に特に発達している）では、いろいろな高等な精神が分業的に営まれているのですが、オデコの奥にある前頭葉という領域と、それ以外の領域ではそのはたらきが異なるといいます。

前頭葉以外の領域は、知能の座で、外界から情報を取り入れ、記憶したり、記憶されているものを照らし合わせて、新しく取り入れた情報に意味づけがされたりというような、知覚、理解、認識と呼ばれるはたらきをしているところです。つまり、情報処理のはたらきです。（時実先生は、この領域は、コンピュータにたとえれば、高度の情報処理機能を持っているハードウエアに相当すると言います）

それに対して、前頭葉は、私たちがある問題に出会ったときにそれを解こうとして、これまでの経験によって記憶されている情報と新しく取り入れた情報を組み合わせてその問題を解こうとする〝思考〟と呼ばれるはたらきや、これまでにない新しいものをつくりだそうとしたり、これまでの解決法ではなく、全く新しい解決方法を開発しようとしたりする時に、それを成就するため、新しく情報を取り入れて、今までにない新しい内容を組み上げ創り出していく〝創造〟というこころのはたらき、また、それを言葉や表情や動作によって表現しようとする〝意志決定〟（意志力）の働き、さらに、喜びや悲しみなどの感情を感じたり表現したりする〝情操〟の座としてのはたらきをするといいます。（このような前頭葉のはたらきは、さきのコンピュータの機能にたとえれば、ハードウエアのもつ情報処理機能を十二分に使いこなしていくソフトウエアのようなものだといっています）

しかも、この前頭葉のはたらきそのものが、人間を人間たらしめている個性の座であるといわれます。この個性は周りからつぎ込まれたいろいろな〝知識の集積〟ではなく、自分で考え、自分で求めた知能・才能・性質・性格というものが統合されたものであるということで、自分というものを本当に自覚し、そうして、自分というものが主張できるのはこの前頭葉の発達あってのものといえます。

そして、この前頭葉の発達は、前頭葉以外の大脳新皮質の部分の発達とは異なり、五、六歳ごろから発達が盛んになり、ほぼそのはたらきができ上がるのは十歳ごろといわれていることは注目すべきことです。

この発達は、四歳頃から子どもの内に芽生え、自分でいろいろなことをしてみたい、分かりたいという意欲（やる気）が自然にわき起こってくることになります。したがって、この頃から大人のしているいろんなことをしたがったり、大人にとっては何でもないことに疑問を感じて「どうして」「なぜ」とお母さんを質問攻めにして困らせたりするようになるのです。

このような、子どもの内に芽生えてきた学ぼうとする意欲（やる気）に対して、家庭の親やその他の保育者がいかに適切な対応やはたらきかけ（しつけや教育など）をするかが大変大事なことになります。そして、そのことから子ども自身が学び取ったことが前頭葉の発達（こころのはたらき）として組み込まれていくのです。

今ここで問題としている幼児後期が〝しつけの時期〟といわれ〝やる気を起こす時期〟といわれる所以《ゆえん》です。

先に紹介した、ダニエル・ゴールマン博士のいうＥＱ（こころの知能指数）すなわち人格的知性・社会的知性という感情をコントロールする能力も、時実先生のいう〝情操の座〟であるこの前頭葉の発達に起因することから、この幼児期に子どもの将来を支配する人格形成の基礎づくりとしての好ましいしつけ・教育をしなければならないのです。

では、就学前の幼児後期のしつけや対応はどうすればいいのでしょうか。

まず第一に、この子にどんな人に成長して欲しいかの目標を立てねばなりません。

平成一四年一二月一日は皇太子殿下ご夫妻のお子様、愛子様の満一歳のお誕生日に当たられ、愛くるしいお写真が新聞紙面を明るく飾っていました。その記事の中で、ご夫妻は宮内記者会の質問に対し「人を愛し、他人を思いやる広い心を持った人に育って欲しい」と答えられています。このような目標こそ、まさに人格的知性・社会的知性の育成をめざすもので、私たちの子育てもこのようでありたいと思います。

　次に具体的なしつけや対応について考えてみましょう。

　まず、皇太子ご夫妻が子育ての目標とされていることは、ダニエル・ゴールマン博士のいう「共感の能力」を育てることと言い換えることが出来ると思います。共感の能力は、他人がどう感じているかを察する能力であり、他人の立場に立ってものが考えられる人のことだと言えるでしょう。このような他人に対する共感的な関心に、子どもによって差が生じるのは多分に親のしつけと関係するといい、このしつけの仕方で次のような例を挙げています。「ごらんなさい。あなたのせいであの子がどんなに悲しい思いをしたか考えてごらんなさい」というように、子どもの不適切な行為が他人におよぼした苦痛に目を向けさせる家庭の方が、「お行儀の悪い子ね！」という叱り方をする家庭よりも共感面に関心の高い子どもが育つ傾向が大きいといっています。言い換えれば、自分の行動が他に与える影響について、優しく子どもに分かる言葉で話して聞かせるしつけを心がけることだと言えるでしょう。このような時に親自身が感情的になって、荒々しい言葉や行動で叱りつけるなどは慎まねばなりません。

　さてつぎに、しつけにおける子どもへの好ましくない接し方（養育態度）とその影響について、留意すべきことを述べることにします。

〈甘やかし〉 子どもを愛する気持は大変大事なことですが、子どもの欲しがるものは何でも与えるとか、子どもの言うがままになっているというような場合、がまんする習慣（耐性）が育たず、欲しいものが得られないとき、泣き叫ぶなど聞き分けのない行動で親を困らせ、是が非でも欲望をかなえさせようとすることがあります。このような子どもはわがままで自分勝手（自己中心的）な行動をとるため、友達から嫌われ、社会性が育たないこともあります。

子どもにおもちゃなどを買い与える場合は、必要以上に買い与えないようにし、ものを大切に使うなどのしつけが望まれます。また、親子で一緒に買い物に出かけるときなど、家を出る前に子どもと外出の目的について十分に話し、いろんなものを欲しがったりしないことを約束し、納得の上で出かけるようにします。そして、約束は必ず守らせるようにすることです。約束を守れたときは、心からほめてあげましょう。仮に公衆の場で泣き叫ぶことがあっても、「今日だけよ」などといって決して負けてはなりません。一度負ければおしまいで習慣になるでしょう。

〈過保護〉 子ども可愛さに、子どもに任せて自分でさせるべきことを親が手出しをしてしまうことがあります。このようなことを日常的にしていたら、自主的な判断力や行動力が育たず、依頼心の強いひ弱な、〝気は優しくて力無し〟というような子どもになります。将来さまざまな困難を乗り切っていくたくましい子どもを育てるためには〝可愛い子には旅をさせ〟という諺《ことわざ》のように、子どもに執着するこころを振り払い、子どもの内に秘められた成長の力を信じて〝放つ愛〟を実践して欲しいものです。

〈放任・無視〉最近は子どもを愛せない親や仕事にかまけて子育てを他人任せにする冷たい親もあります。このように放任状態におかれている幼い子どもは、どれほどお母さんやお父さんの温かい愛情を求めているか知れません。にもかかわらず、それが満たされない子ども達の心は、常時、精神的に不安定な状態おかれ、萎縮し、消極的で無気力になったり、また、乱暴したり、思いやりのない冷たい性格になったりすることもあります。

〈支配・専制〉子どもの自発的な行動を許さず、何でも親の言うとおりにすることを要求する親の場合、子どもは自分の考えで行動できない、自律性のない、依存的で消極的な性格になるおそれがあります。また、子どもによっては反抗的になることもあります。

以上は、親が気づかずについ陥りがちな養育態度とそれに伴う子どもの人格形成への影響を見てきました。愛情は子どもの成長・発達にとって、もっとも大事なものです。かといって、盲愛や執愛といった智慧のない愛情はかえって子どものこころの発達を妨げることになります。それぞれの養育態度で反省するところがあれば参考にして頂ければ幸いです。

情操の心のしつけ

さて、なんと言っても、幼児期までの子育ては、これから小学校、中学校、高校から先へ先へと人生を進んでいくための心の基礎をしっかりと育てる大事な時期です。

これまで「心のしつけ」についてみてきましたが、もう一つ大切な〝情操の心〟のしつけについて述べようと思います。それは、社会生活でもっとも大切な心であり、人間関係の潤滑油である「人を尊ぶことのできる心」「ありがとうと感謝の言葉を言えるこころ」を育てることです。それはどのように育てればいいのでしょうか。

このしつけは、親をはじめ子どもの養育にかかわる人たちの生活態度がそのまま「しつけ」になっているということです。

〝自分が尊ばれている〟ことを肌で感じ取っている子どもは、自然に人を尊ぶことができるようになります。前に見てきましたように、養育に当たるもの、特に父親や母親が、子どもを〝大いなるもの〟から授かった尊い一人格として接していくことが求められます。

また、感謝のことばが出せる子どものしつけでも、親をはじめ周囲の人々が何かにつけて「ありがとう」と感謝の気持を表現しているときにそれがそのまま心のしつけになっていきます。

子どものしつけは、始めから終わりまで親自身のしつけ（自己教育）なのです。

あとがき

人生はさまざまな出会いの連続である。誕生の時に父母に出会い、兄弟姉妹に出会う。そして、成長につれて多くの先生や友達に出会い、その中には親友という得難い友もできる。さらに、社会的な人間関係の発展に伴って数知れないほどの多くの人たちと知り合うことになる。そして、深い縁で終生を共にする妻に、そして子ども達に出会うこととなった。

これらの出会いの中には、父母のように私自身の人格形成に直接大きな関わりを持つ人もあり、また、顧みて、自分の人生に方向付けをして下さったことから私の今日があるという大恩ある方々もある。

しかし、なんと言っても、私の人生観、世界観を一変させ、生きる勇気と人生の意義とを知らしめる真理との出会いほど感動的で最大のものはない。

私は十八歳の時（一九四八年）、当時、不治の病とされていた結核に罹《かか》り病床に伏したことがある。私の姉二人が、同じ結核で前々年、前年と二年続けて死亡した後であったことから、私はしみじみと命の儚《はかな》さを痛感させられると共に、日々死に対する恐怖におののき、一方で、生に対する強い執着心と虚無的人生観に苛《さいな》まれる日々を送っていた。

このような時に、私の心に光明を点じてくれたのは、義兄を通じてもたらされた谷口雅春先生の「生命の実相哲学」であった。そこで説かれている真理は、例えれば、乾《かわ》ききった海綿が水を吸うように、説かれることばの一つ一つが、そのまま深く染み入り、心底から納得し、これこそが自分の生きるべき道であることを確信したことであった。

爾来《じらい》、父母をはじめ家族共々この教えを信じ、導かれつつ今日に至ったのである。

その間紆余曲折《うよきょくせつ》はあったものの、幸い、大分大学教育学部に職をいただき、日々「生命の実相哲学」に基づく教育原理と方法の実践に勤《いそ》しむ幸せに恵まれると共に、さらに社会的活動として、PTAなどの家庭教育講演会や大分県教育委員会の主催する家庭教育相談事業に携わり、また、十二年間に亘り、文部省委嘱事業であるOBS大分放送の幼児教育番組の企画、出演を担当して、テレビを通して家庭教育のあり方について直接県民に語りかける機会を与えられるなどその普及にも関わることができた。

なお、現在も大分県立芸術文化短期大学ほかの非常勤講師として、若者達に講義の機会を与えられており、また、大分県教育委員会の「エイズ教育専門委員」の委嘱を受け、高等学校の生徒達に〝人の尊さ〟と〝性のあり方〟について直接語りかけることのできる機会をも与えられて、社会のためにいささかでもお役に立てることに幸せを感じている。

今回、我が国の教育界が学校、家庭を問わず危機的状況に遭遇する中で、将来の日本を背負うべき子どもの人格形成にとって、最も重要な幼児期の子育てについて、谷口雅春先生の説かれた『生命の實相』の教育論の立場からその神髄を伝え、その普及にいささかの力になることを願って執筆を決意したのであるが、この拙著の刊行に対して、お力添えを下さった株式会社日本教文社の岸重人社長他の方々に心からの感謝を捧げるものである。

なお、この執筆について、最初に声をかけて下さったのは同社の有馬勝輝氏であり、平成六年の夏のことであった。しかし、様々な事情から実際に執筆に入ったのは平成一二年一月一日からで、今日までに八年を経過したことになる。この間、見限ることもなく、再々声をかけ、励まして下さったこと、そして、辛抱強く待って頂いたお蔭で、この度やっと上梓に至ったのである。衷心からお礼と感謝を申し上げる次第である。

平成一五年一月二〇日

安東利夫

著者紹介

安東利夫（あんどう・としお）

1930年大分県臼杵市に生まれる。大分大学名誉教授。大分大学学芸学部卒業（心理学専攻）。大分大学教授在任中、同学部付属幼稚園長（併任）、付属教育実践研究指導センター長（併任）を歴任 。大分県立芸術文化短期大学教授を経て、現在非常勤講師。［著書］教育心理学要説（共著）、教育心理学の基礎知識（共著）、教育メディア論（共著）、公共トイレ学宣言（共著）ほか。

小《ちい》さないのちの育《そだ》て方《かた》
受胎《じゅたい》から幼児期《ようじき》まで

発　行　　平成15年3月1日　初版発行

著　者　　安東利夫《あんどうとしお》　〈検印省略〉
発行人　　岸　重人
発行所　　株式会社日本教文社
〒107-8674　東京都港区赤坂9-6-44
電話　03(3401)9111（代表）
03(3401)9114（編集）
FAX 03(3401)9118（編集）
03(3401)9139（営業）
頒布所　　財団法人世界聖典普及協会
〒107-8691　東京都港区赤坂9-6-33
電話　03(3403)1501（代表）
振替 00110-7-120549
印刷・製本　光明社

ISBN4-531-06380-5
定価はカバーに表示してあります。
乱丁本・落丁本はお取り替えいたします。

日本教文社のホームページ　http://www.kyobunsha.co.jp/